mark

這個系列標記的是一些人、一些事件與活動。

Mark 100
流水何曾洗是非
北大「牛棚」一角

作者：郝斌
編輯：李濰美
封面設計：周家瑤
校對：趙曼如、李昧、郝斌
法律顧問：全理法律事務所董安丹律師
出版者：大塊文化出版股份有限公司
地址：台北市105南京東路四段25號11樓
www.locuspublishing.com
讀者服務專線：0800-006689
TEL：(02) 87123898　FAX：(02) 87123897
郵撥帳號：18955675　戶名：大塊文化出版股份有限公司

總經銷：大和書報圖書股份有限公司
地址：新北市五股工業區五工五路2號
TEL：（02）89902588（代表號）　FAX：（02）22901658

初版一刷：2014年1月
ISBN　978-986-213-498-6
定價：新台幣280元
Printed in Taiwan

國家圖書館出版品預行編目資料
流水何曾洗是非：北大「牛棚」一角
/ 郝斌著. 初版. -- 臺北市：大塊文化,
2014.01 面；　公分. --（Mark；100）
ISBN　978-986-213-498-6（平裝）

1. 文化大革命　2. 知識分子

628.75　　102025575

郝斌——著

流水何曾洗是非

北大「牛棚」一角

目錄

導讀

荒謬年代中的北大歷史系牛棚

林博文

「爸爸是『黑幫』，在北大拔草！」

——郝斌的四歲女兒聽到托兒所老師的對話，回家告訴媽媽

「我有罪！向偉大的領袖毛主席請罪！」

——北大學生喝令歷史系名教授向達下跪毛像並複誦罪己詞

「中國大學自五〇年代初期起，緊追蘇聯，院系調整，改造大學，又以思想為萬事之先，以致大雅無作，正聲微茫。及至『文革』，校園皆成戰場，師生半為寇讎，荼毒心靈，奪人性命，一至斯文塗炭，為華夏千年所罕見。」

——趙越勝：〈我的老師周輔成先生〉（《老照片》第七十七輯，二〇一一年六月）

一九六六年七月二十六日，中共「中央文革小組」副組長江青親自出征北京大學，在東操場向上萬師生員工痛批北大歷史系教師郝斌迫害李訥。李訥何許人也？她就是江青（李雲鶴）和毛澤東於一九四〇年在延安所生的女兒。郝斌說：「一九六四年秋天，農村裡有過一場聲勢浩大的運動，正名叫做『農村社會主義教育運動』，俗名叫『四清』，遍及全國各地。……在北大，還派出了四、五年級的學生，說是讓他們去『接觸實際』……歷史系的教師，走了多半，我也在其中，我就是在這場『四清』中，與當時歷史系五年級的學生李訥同在一個工作隊，因工作中常有分歧，也有爭論，才惹來一個『迫害李訥』的罪名。」

文革期間權傾紅朝的江青，在北大的講話，是她在政治角鬥場上的首次出擊，砲火四射。除了郝斌中彈之外，北大校長陸平、「工作組」組長張承先等人也都遭殃，甚至連毛澤東的兒媳、毛岸青的妻子、中文系學生邵華，亦被點名。江青第一次出席萬人大會發表火藥味十足的政治演說，表現不行。郝斌指出：「只能算是見習水平，分數不能打得太高，她在火候分寸上，還欠缺拿捏的功夫。在點到我們幾個人名字的時候，她竟然語帶嗚咽，情緒激動，甚至當眾服藥，弄得感情色彩重於路線鬥爭，讓人看了覺得像是一個婆婆媽在嘮叨，說的全是家務事。」郝斌又說，江青「說到傷心之處，她掏出手帕擦抹淚水，全然不像一個政治家在演講，舞台效果因此大打折扣，以至事後『傷身分』、『水平太低；影響不好』的負面議論多處出現。」

中共「第一夫人」江青公開指控北大歷史系教師郝斌迫害「第一女兒」李訥，在舉國瘋狂、全民撒野的年代，等於「反對偉大領袖毛澤東」，其罪可誅！「郝斌迫害李訥」馬上變成一樁政治事件。郝斌說：「當晚十時左右，經她一說，不需要什麼法律手續，我的『罪名』就算鐵板釘釘，定下來了。而在一般民眾，特別是青年學生一方，他們對偉大領袖的熱愛，頓時化為對我的仇恨。」郝斌從此被鬥、被打、被踹、罰跪，各種身心上的凌辱，接踵而至。

中共於一九六二年年底開始在農村推動「四清運動」（起初稱「清分工、清賬目、清財物、清倉庫，後改稱「清政治、清經濟、清組織、清思想」），一九六四年大規模進行，郝斌奉命下鄉參加。「四清」運動被認為是一九六六年文化大革命的前奏，郝斌的大學弟接替他講授〈中國通史〉現代部分。這個大學弟說他第一次講這門課，恐怕準備不及，希望郝斌把講稿留給他用。三年多以後，這位大學弟在批判會上竟然指控說：「黑幫分子郝斌反對毛主席不是偶然的，我手裡有他的新罪證！」只見他手上一抖，說道：「這是郝斌上課的講稿！全是他的白紙黑字！我念一段給大家聽。」原來是郝斌在二十幾萬字的講稿中，有關引述《毛澤東選集》的話，用「毛說」，而不是寫「毛澤東同志指示」或「毛主席教導我們說」。大學弟向在場聽眾說：「革命群眾聽聽，他居然把偉大領袖像美帝、蘇修一樣，稱作「毛」！他是多麼的反動！」此時，在場的「革命群眾」個個摩拳擦掌，準備痛「扁」郝斌。低頭彎腰的郝斌，專心防範前面有人打過來，身高接近一米九的大學弟，竟從後面猛擊郝斌的後脖頸，郝斌頓時倒在地上！批鬥會結束後，郝斌被押出會場，「沒想到有人從下面踢來一腳，踢到我的陰囊睾丸，我疼得站不住，立時倒了下去。」

中共在抗戰勝利後未久即能夠快速奪得政權，知識分子幫了大忙，從學術菁英到各大學校園，大家都對蔣介石和國民黨失望透頂。陳寅恪、馮友蘭、竺可楨、梁思成、湯用彤、俞大紱、饒毓泰、姜立夫、嚴濟慈、葉企孫和陳垣等中研院第一屆院士都寧可留在神州，靜觀時變，等待「新中國」的來臨而不願到台灣或乘桴浮於海。在「反內戰、反飢餓、反迫害」的怒吼下，成千成萬的大學生熱切希望國民黨政權崩潰，焦急地迎接共產黨的勝利。

歷史的事實是諷刺的、殘酷的！中共建國後，最倒楣的就是知識分子，最可憐亦最可悲的也是知識分子！北大哲學系教授周輔成八〇年代末曾說：「四十年前，共產黨掌權，當時的我在武大（武漢大學）任教。看到老百姓『簞食壺漿，以迎王師』的熱情，心想中國可能得救了。五十年代洗腦，誠心誠意批判自己的資產階級思想，把自己多年的學術成果罵得一錢不值。」周氏又說：「四十年了，中國讀書人吃盡苦頭，前三十年是唾面自乾，自我羞辱……。」專研倫理學的周輔成（一九一一—二〇〇九）在五〇年代初全國教育大改革和院系調整（主要是「以俄為師」，模倣蘇聯老大哥的教育制度）中，從武大轉到北大。他說：「在一九五六年，大鳴大放後期，空氣變了。」他在〈我所親歷的二十世紀〉回憶文章中舉出幾個例子，一是：「在一九五七年『反右』運動中，給我啟蒙的舅父，在家鄉一所中學任教，與黨支部書記意見不合，後被歸劃為右派，以至連子女也不敢接近，孤獨至死。」二是：「在一九五七年，一個中國哲學史討論會上，臨到午餐休會時候，一位延安時期的著名理論家何思敬忽然起立說：『目前階級敵人、地主、資產階級已消滅，是否可以少提階級鬥爭或不提階級鬥爭？』事隔不幾天，『反右』運動展開，何思敬因此便成為他的單位（中國人民大學）的全校『大右派』。隔了兩三年，我在路上見到他時，語無倫次，幾乎疑心他是精神失常了。」三是：「『文化大革命』中，一位頗受人尊重的國學大師蒙文通在四川大學被列為反動學術權威，紅衛兵把他留的鬍子一根一根地拔掉。冬天，還要他下河水中去摸魚，然後發動四周群眾高叫『蒙文通渾水摸魚！』我想，在這情形下，不僅是年老的蒙文通，就是意志堅強的青年人，也免不掉要回家落淚尋死了。」四是：「在我身邊的同事馮定，他是從蘇聯斯大林時代返回中國的理論家，後來被康生定為反革命修正主義分子，受到全國性批判。『文化大革命』一開始，群眾圍集如山，要他出來交代反革命修正主義罪行，一個接一個地問，從晨八點鐘直到晚飯前，站在門口，動也不能動，一天接一天，他受不了，曾兩次服安眠藥自殺，被救。後來，到江西鯉魚洲勞動，我和他睡在同一炕上，只聽他在我身邊翻來覆去，白天還要他單獨去撿豬糞，甚至在大堤上撿人糞，少了還要被罵。回來後在北大校園內的路上，我幾乎不能認得他，他也幾乎不認得我了。不久，他即臥病去世了。」

著有《盧山會議實錄》並曾做過毛澤東兼職秘書的李銳（一九一七年生），在《李銳口述往事》（香港大山文化二〇一三年七月出版）中說：「毛這個人是非常、非常複雜的，屬於一種很極端的個人，一切反常的事情他都敢做……毛澤東則是他自己說的，『和尚打傘，無法無天』，什麼事情都敢幹，『大躍進』死了那麼多人，都無所謂，任性到了極點。把國家的利益，人民的利益都不放在眼裡，隨心所欲。換了任何一個人當家，劉少奇也好、周恩來也好、林彪也好，都不會搞到後來『文革』那樣不可收拾的局面。」當過水電部副部長並曾坐過多年牢的李銳強調：「毛從骨子裡是討厭知識分子的。說到底，毛還是個農民，心胸極其狹隘，生活上保留了許多農民的習慣。」一九七六年九月九日，上海復旦大學校園廣播宣布毛澤東去世的消息，一位教授聽到後，在四顧無人之下，說道：「多行不義必自斃！」但毛對國家、對同胞、對文化、對社會的嚴重傷害已經造成。前新華社記者楊繼繩所著的上下冊《墓碑：一九五八—一九六二年中國大饑荒紀實》（香港天地二〇〇八年初版、二〇一一年九版），用血淚記述了三千六百萬人餓死的民族大悲劇。劉少奇當著毛的面說：

「餓死這麼多人，歷史上要寫上，人相食要上書的。」劉早已認定毛的路線是造成大災難的原因，他強調這是：「三分天災，七分人禍」。做過香港英文《南華早報》北京分社主任的賈斯培・貝克（Jasper Becker）一九九六年出版的《餓鬼（*Hungry Ghosts*）：毛的秘密饑荒》和香港大學教授馮客（Frank Dikotter）二〇一〇年推出的《毛的大饑荒》，都使毛的千古大罪無所遁形，難逃於天地之間。

郝斌這本涵蘊血、淚、汗的回憶，細膩而又真實地描述他在荒謬年代和恐怖歲月中的遭遇。郝斌擅長敘述，文字獨特而又雋永，敘述苦難但又不失風趣，描寫醜陋但又流露人性，使文革文獻提升至更高一層的境界。作家章詒和從《往事並不如煙》的歷史回眸點上，生動地呈現其父執輩友人在朝代巨變中的苦痛；郝斌則以史家之筆詳述其在「牛棚」中的處境，為時代做見證，為歷史留紀錄。郝斌一九五八年從北大歷史系畢業後，留校任教，他所回憶的就是北大歷史系在文革期間所遭到的重創。北大歷史系執中國史學界的牛耳，也是學術界和教育界的龍頭老大。整個北大在文革時代成為重災區，尤以歷史系為最。一九六六年夏天，北大哲學系聶元梓等七人在北大校園貼出一張大字報：〈宋碩、陸平、彭珮雲在文化革命中究竟幹些什麼？〉六月二日，《人民日報》在頭版頭條刊登這張大字報，並以「本報評論員」名義發表〈歡呼北大的一張大字報〉。從此，中國最高學術殿堂陷入了水深火熱的田地！北大各系的「牛鬼蛇神」（毛澤東創造的名詞，黑幫一詞則為康生所發明）被趕到校園上掃地或拔草，如同一個開放式的批鬥場。據北大文革委員會機關報《新北大》報導，七月二十九日至八月二十八日，一個月之內有兩百多萬人次專程到北大觀看胸前掛著一塊「黑幫分子×××」的牛鬼蛇神，有些「觀光客」，不僅怒罵他們，甚至揪頭髮或拳腳相向。

一九六六年九月二十七日，包括郝斌在內的二十三名北大歷史系黑幫被押往北京市北郊昌平縣太平莊的北大半工半讀基地，進入全封閉的勞工營。一九六七年夏，號稱文革「五大領袖之一」的聶元梓（女，一九二一年生於河南省滑縣，山西晉城華北軍政幹校學習，一九六〇年調至北大，一九六六年出任北大文革委員會主任）的權力一度勢衰，北大歷史系黑幫被鬆綁五、六個月後，第二次被趕至太平莊。從一九六六年文革爆發，至一九六九年夏，郝斌等牛鬼蛇神被監管達三十個月之久。時至今日，受過迫害的北大歷史系老人，已逐漸凋落，只有兩位在回憶文章裡觸及到「牛棚」，但未深寫。因此，郝斌的深度憶述，就顯得格外有意義。北大教職員工和學生慘死（所謂「非正常死亡」）於文革期間的有六十三人，歷史系死了五個人，第一個殉難的是史學大師陳寅恪的得意弟子、郝斌的老師汪籛。一九五四年除夕夜，汪籛到學生宿舍吃年夜飯，喝醉了，就倒在一個學生的床上，和衣睡到天明。郝斌說：「在我們眼裡，他隨和親切，思想又很深刻。」汪籛曾研究唐代名相魏徵，而吳晗所編的歷史劇《海瑞罷官》中的明人海瑞，頗有魏徵的直諫風骨。文革初起，汪籛被一群無知盲動的學生誣指歌頌海瑞，在汪家開鬥爭大會，汪籛拒絕受辱，一九六六年六月十一日以死抗議。北大歷史系主任翦伯贊受盡各種屈辱後，於一九六八年十二月十八日與妻子一起仰藥自殺，還留言：「毛主席萬歲、毛主席萬歲、毛主席萬萬歲！」

毛澤東及其無數爪牙蹂躪知識分子、踐踏學者的狠毒手法，在中外歷史上排名第一，凌駕焚書坑儒的秦始皇，亦遠非希特勒、史達林（大陸譯為斯大林）和墨索里尼所能望其項背。有些史家認為毛澤東高居人類歷史上的暴君之首，係因其兼具中國古代專制帝王與近代法西斯及共黨獨夫的殘忍特質，視民如草芥、如糞土。但歸根究柢，還是李銳點出了毛的特色：「毛這個人是非常、非常複雜的，屬於一種很極端的個人，一切反常的事情他都敢做。」李銳又說：「剛解放不久，毛澤東邀請周士釗一些舊人去北京，回到湖南以後，周跟我說了見毛的一些情況。毛邀他在中南海裡划船，向他吟了一首詩，具體哪一首現在記不起了，反正表達的意思是：我現在像皇帝一樣在中南海裡邀我的臣子一同划船吧，那一種心態……毛把自己當作皇帝。我的好朋友黎澍一直在白區工作，沒有去過延安。他一到北京，看到毛他們住進了中南海，就對我說：『這不是太平天國嗎？』」

一九六六年八月下旬，北大歷史系二十四個「牛鬼蛇神」在烈日下被罰跪，學生高喊：「跪下！全部跪下！」郝斌說：「這是我們『文革』中遭遇到的『第一跪』。」歷史系的老教授向達和楊人楩跪到站不起來。郝斌又說：「控制平衡不栽下去，還算容易；精神和人格上能夠承受住這種壓力和羞辱，才是難關。」俞大維的妹妹、北大西語系教授俞大絪，在郝斌等二十四人跪倒之前幾天，被勒令當眾下跪。郝斌說：「出身名門，精神優雅的俞先生，是一個視尊嚴重於生命的人，這個世界既然如此對待她，那還留戀什麼呢？回到家裡，她就從容、尊嚴地離開了這個世界。這個消息剛剛傳到我們耳朵裡，還在心裡震盪的時候，齊唰唰的一長排，我們也都跪下去了。」

中共十大元帥之一、前外長陳毅的六十七歲兒子陳小魯和幾個當年北京八中同學，於二〇一三年十月七日專程回到母校為文革時代的惡形惡狀，向師長道歉。陳小魯當時是北京八中造反派頭頭，八中的黨支部書記華錦和教師高家旺自殺，支部副書記韓玖芳被打成殘廢。八十歲的張顯傳老師對陳小魯等人說，「沒有必要站出來道歉，你們也是受害者，當年是階級鬥爭為綱，誰能不擁護？」陳小魯說他自己的道歉已太遲了，但必須道歉，「沒有反思，談何進步！」他強調：「違反憲法，侵犯人權的非人道主義行為不應該以任何形式在中國重演！」他指出，「文革是個令人恐懼的時代！」這一點身歷其境的郝斌最能體會其義，五十九歲的北京律師張紅兵（原名張鐵夫）最近亦為一九七〇年和父親一起檢舉母親是「現行反革命分子」而導致母親被槍決一事，公開懺悔，他說：「自己應該成為反面教材，希望歷史的悲劇不要被遺忘。」

在經濟急速起飛、物質生活興旺無比的時代，文革已被遺忘，年輕一代已不知文革為何物，更不知道毛澤東時代是個什麼樣的黑暗時代，「史盲症」已成普遍現象。文革對中國社會的戕害、對中國文化的褻瀆、對中國歷史文物的浩劫，似已成「如煙往事」！最可悲的是，近幾年來，隨著懷舊文化的興起，緬懷文革、美化文革的現象，竟出現於一些社區。甚至有大陸留學生於十月三十一日萬聖節（俗稱鬼節）晚上，穿上紅衛兵制服在紐約街頭嘻笑遊蕩！

儘管德國哲學家黑格爾講過一句很令人「洩氣」的話，他說：「國家與政府從來不會從歷史中學到任何教訓！」（Nations and governments have neve learned anything from history!）然而，從個人到整個民族，還是必須把握時間，深切反思文革，並要鍥而不捨地探究文革的來龍去脈。唯有真誠地把文革攤在陽光下來徹底檢驗，以史為鑑，中華民族才有能力建立一個民主、法治、透明、正義的公民社會。

二〇一三年深秋於紐約

（作者為專欄作家、民間史家）

流水何曾洗是非

郝斌自署

楔子

一九六六年夏天，北大的校園像開了鍋。自校長陸平起，直至各系主任、各班級主任等大小幹部，一夜之間統統變成了「反革命黑幫」；各系科的名教授，統統變成了「資產階級反動學術權威」。他們被置於烈日之下，任由學生和校外來人辱罵批鬥。校園鐘聲從此長歇不鳴，鬥爭會上的口號聲聲相連。中國「無產階級文化大革命」的鑼鼓，從北大校園敲響起來。

先說「黑幫」這個詞吧。人們最早看到「黑幫」二字，是在《人民日報》上。一九六六年六月二日，《人民日報》的頭版頭條，刊登了北大哲學系聶元梓等七人幾天前在北大校園貼出的一張大字報：〈宋碩、陸平、彭珮雲在文化革命中究竟幹些什麼？〉，在同一版面，又以「本報評論員」名義刊發了題為〈歡呼北大的一張大字報〉的評論。後者，一篇千字短文，六次重複使用了「黑幫分子」、「黑幫反黨分子」、「黑幫」、「黑組織」、「黑紀律」這些詞語，統統都是加給剛剛揪出來的「陸平及其一夥」的。那個年代的青年知識分子捧讀《人民日報》，大多心懷

陸平，「文革」初起時擔任北大校長。中央人民廣播電台反覆播送大字報之際，他呆坐家中，悶無一語，隨即被撤銷一切職務。此後三年，是隨時的大小批鬥和拷問。「文革」之後數年，他不願走進北大校園。湖塔雖好，難免處處傷情！

崇奉和信賴，長年都以一種自覺的虔誠，將它視為行動的指南和意識修養的引導。而「本報評論員」這個不具姓名的名義，則另具一種權威性，它往往比這張報紙的位階還會高出一頭。這一點，我們盡人皆知，但都不便言明。以此緣故，評論員的文章更罩上了一層神秘之感；再加上「黑幫」這個詞語特具的新鮮感和煽動力，北大校園裡面被揪出來的一干人眾，儘管後來每人頭上各有自己的「帽子」，卻由此得到一個統稱：「黑幫分子」。關押他們的地方因此而被叫做「黑幫大院」；疾風暴雨之際，橫掃進來一些人，後來發現他們只是小小蘿蔔頭，於是就叫他們「黑幫爪牙」。不過，那個時候的「黑幫」一詞，在外地外省的感覺之中，幾乎只是北大一家的特產，與己並無關聯。及至後來，各省市地方都有身邊的人陸續被揪出，成為好大一支隊伍，「黑幫」這個詞，反倒沒有叫開，卻為另一稱號「牛鬼蛇神」所替代。其中原委，我沒弄清楚。說起來，「黑幫」這個名稱是康生給起的，「牛鬼蛇神」則是毛主席給起的，命名者的位階高低，可能是一個因素吧！如今的我們，已是佝僂蹣跚，心如古井，對人對事，沒有當年那麼多的政治神經和敏感度了。如果拿「黑幫」與「牛鬼蛇神」做個比較，也許從社會語言學、傳播學的角度看，它們還有一點區別和探討的價值？不過，這兩個詞，從語義上講，都沒有什麼質的規定性，都是一個大籮筐，可以裝進任何想裝的東西，比較而言，後者的包容性也許更大一些。如果同「地富反壞右」相比，這算是一個延長和發展。我因身在這個隊

得到領袖肯定的第一張「馬列主義大字報」。1966 年春，彭真、羅瑞卿、陸定一、楊尚昆落馬，鬥爭還僅限於高層，普通民眾並不知情。5 月末，北大哲學系黨總支書記聶元梓等人，在北大校園給校長陸平貼出這張大字報，可謂一把天火，直接燒向基層。

北京大学七同志一张大字报揭穿一个大阴谋

"三家村"黑帮分子宋硕陆平彭珮云负隅顽抗妄想坚守反动堡垒

欢呼北大的一张大字报

本报评论员

一九六六年五月二十五日

1966 年 6 月 2 日，《人民日報》頭版刊登聶元梓等人的大字報，並發表「本報評論員」文章予以稱讚。大字報貼滿了校園，也由此遍於中國。

伍之中，別人用哪個稱謂來呼喚我們，都覺得相差無幾，實在分不出它們的優劣高下。時到如今，我們知道，「文革」期間，全國揪出來的人足過千萬，喚作「牛鬼蛇神」的居多，喚作「黑幫」的只是北大、清華一家、兩家。既然如此，今日不過談昔說往，理當從俗從眾，就叫「牛鬼蛇神」，也算大家方便。

再來說「牛棚」。「牛鬼蛇神」叫開了，關押「牛鬼蛇神」的地方，才被叫做「牛棚」。後者雖從前者衍生而來，但語義已有不小的變化。「文革」初起之時，對我們「黑幫」人等，千夫所指，千目所視，簡直達到了人神共憤、天地難容的地步。「牛鬼蛇神」一詞，那是絕對的貶義，政治性的貶義！那個時節，「牛棚」這兩個字，還不可能使用。無產階級革命

1966 年 7 月下旬，江青連續來北大校園。當時人們不知她有公職在身，25 日晚間，在東操場的全校師生萬人大會上，首次亮出她擔任的「中央文革小組」副組長的身份，但大家還是不瞭解這個職位的分量和重量。此後十年，中國大動大亂，一回又一回的領教之後，大家才知道她真不愧是一個作亂的「旗手」。

派朋友中，誰能有這種閒情和浪漫，去做如此的戲謔和調侃呢?!在那個泛政治化的年代，只消如此一謔，說不定他自己就會被打入「牛棚」。「牛棚」一詞出自何時，我無從知曉。三年以後我出了「牛棚」，才從幾位紅衛兵小將嘴裡第一次聽到這兩個字，他們把一位同學稱作「牛倌兒」。那時我對「牛棚」以外的語言生疏隔膜，還以為那人出身農家、兒時放過牛的緣故。聽過幾次之後，我方才回味過來：原來他是我們「牛棚」的監管人員。這一悟，著實讓我吃了一驚。說起來，這已經到了一九六九年的夏天，其時，對「文革」的厭倦情緒，在北大學生中已經成為普遍症候。

兩個語詞帶過不提，且說北大的「陸平及其一夥」。他們在一九六六年的六、七月間，因被指為「黑幫」，停職待罪，多是口頭或筆頭交代自己的罪行，拉到室外示眾批鬥的事，尚屬偶發。及至七月下旬，江青在北大東操場師生員工萬人大會上宣佈趕走代行北大黨委職能的「工作組」之後，揪出來的「牛鬼蛇神」成倍增加，校內各單位將他們編成「勞改隊」，形成建制，有制度，有管理，減工薪，拆電話，每人的「罪名」（「帽子」）大致成型，「罪行」的大小也排列有序。只不過這期間「牛鬼蛇神」白天被拉出批鬥、監督勞動，晚上還可以回到家裡，總算有個喘息的空檔；到了一九六八年春天，聶元梓主持的「紅色權力機構——北京大學文化革命委員會」，決定合編各系、各單位的「勞改隊」，建立全校性的「牛棚」，二百餘名「牛鬼蛇神」集中食宿，分別批鬥和勞動，那就是一天二十四小時都在監管學生的眼皮底下，連喘口氣的空檔也沒有了。

歷史系的「牛棚」略有不同，這就是我要在這裡述說的故事了。一九六六年九月二十七日，我們二十三個「黑幫」被押往位於北京市北郊昌平縣太平莊的北大半工半讀基地，自此進入了一個全封閉的勞改營中。一九六七年春夏，聶元梓的「紅色權力機構」一度勢衰，監管學生自行散去，我們曾被「鬆綁」五、六個月，而後第二次被趕入太平莊。從「文革」爆發，歷史系揪出第一批「牛鬼蛇神」，至一九六九年夏，包括筆者在內的一些人，前後被監管了三十個月。筆者當年是歷史系助教，從淪落之日，至「牛棚」撤銷，沒有一天缺席。如今屈指一算，歷史系「牛棚」先後關押過的三十餘人[1]，只有兩位年長先生在回憶文章中，對「牛棚」的經歷曾有涉及，但沒深寫。而今，這些人凋謝作古的已經大半；剩下的幾個，七老八十已經打不住，若再不寫，也就帶到無何有之地了！

正是：

閑坐細數牛棚事，

豈容青史盡成灰！

---

1 除下文將提到的「文革」期間從系裡揪出的「牛鬼蛇神」，太平莊「牛棚」一度還關押過幾個從南口農場轉來的原歷史系「右派」學生。

三院的門對兒

聶元梓等人的大字報[2]在中央人民廣播電台播出，即一九九六年六月一日以後，北大歷史系就有系主任翦伯贊等九人[3]的名字上了學生的大字報，被點名批判。這個時候，上面急忙派來了「工作組」，「工作組」也責令他們作出交代。場面控制不住的時候，像六月十八日，吳代封、徐天新、范達仁的頭上，被扣了廁所的紙簍或紙糊高帽，臉上、身上被潑了墨水。到七月末，「工作組」一撤，「天下大亂」，又揪出來二十個人[4]。兩年之後，一九六八年，再深挖出呂遵諤、羅榮渠、謝有實、吳維能、李原五人，「牛鬼蛇神」總數達到三十四人。這一年歷史系

2 一九六六年五月二十五日，有聶元梓等七人簽名的大字報〈宋碩、陸平、彭珮雲在文化革命中究竟幹些什麼？〉在校園貼出，一九六六年六月一日晚，中央人民廣播電台根據毛澤東的批示全文播出。

3 其他八人是：許師謙、周一良、徐華民、汪錢、徐天新、吳代封、范達仁、俞偉超。

4 這二十人是：向達、楊人楩、鄧廣銘、齊思和、邵循正、陳芳芝、商鴻逵、閻文儒、宿白、榮天琳、陳仲夫、田餘慶、高望之、楊濟安、張注洪、李開物、夏應元、孫機、郝斌以及北京大學黨委派到太平莊協助工作的黨委辦公室幹部張勝宏。張勝宏後來在經濟系任教。

（現在的考古文博學院當時還在歷史系系內）在冊的教職工總數大約是一百人[5]，揪出來的超過三分之一。「牛鬼蛇神」如此眾多，成了一支隊伍，批鬥他們靠什麼人呢？學生！學校裡有的是學生。運動初起，要在發動。青年學生一鼓即起，正是按照毛主席的親自部署，充當了「文革」初期運動的主力軍。

各系的「牛鬼蛇神」都被趕到校園的空闊地面上，或是掃地或是拔草。實際上，這是一個開放式的批鬥場。校外來人如同潮湧，據北大「文革委員會」的機關報《新北大》報導，自七月二十九日到八月二十八日，一個月之內校外參觀者約達二百一十二點四萬人次[6]；僅八月十二日一天，就有十三點八萬人[7]，幾乎趕上過年、過節時候的北京火車站了。我們每人胸前掛著一塊「黑幫分子×××」的牌子，老遠就把參觀的人群招引過來。這時候的我們，活像動物園裡的展物；而觀眾給予展物的，是責問，是斥罵，甚至是揪頭髮再加一頓拳腳。那時候，歷史系的辦公室在三院。這本是一座庭院式的建築，紅柱青磚，對開的朱漆大門，從大門走到小樓，要經過一條只容兩人並行的水泥小徑。路面上長了不少青苔，院落十分幽靜。一九六六年夏天，三院的牆上貼滿了大字報，一層又一層，有的前一張漿糊未乾，後一張就貼了上去，其中以用紅筆打了叉的「翦伯贊」三個字最多。倒是爬在牆上的常春藤還透出一點往昔的情趣，可惜，這個時候已經沒有人去理會它了。

有一天，歷史系的「牛鬼蛇神」二十四人，被叫到三院「系文革」辦公室，一陣照例的訓斥之後，監管學生剛要押我們去校園拔草，還沒走出大門，就被迎面進來的「串聯」人群堵了回來。人越集越多，小院的牆頭上都站滿了人。人流繼續湧進院子，我們原來排成的隊形早被打亂，壓成了一個團團。說起來，這群「牛鬼蛇神」，此時此地，居然不忘患難相扶之義，先把我們之中唯一的女性陳芳芝圍在中間，又努力把年長的向達和體弱的楊人楩、邵循正擋在身後，甚至連年過半百的周一良先生也奮勇向前，左抵右擋。四十多年以後，年近八旬的夏應元先生同我一起回憶「牛棚」往事，說到三院被圍這段，他突然嗓音放高了許多，慷慨之情溢於言表。那時我們被鬥一個多月了，整天都是晦氣，哪有一點豪氣？整天都在做鬼，哪能做人？那天的三院，急難相扶，倒讓我們找到一點做人的感覺，而且感覺至深！有道是，敝帚尚且自珍。此後的十年，我們只是日日苟活，中間能有這麼一回，也算得上是轟烈一場。那天與夏先生共同回首之際，我們都覺自安自慰！

話說當時的三院。站在前面的校外來人，與我們身子挨近身子，弄得我們本該彎著的腰也得直起來；他們想喊口號，也擠得抬不起胳膊伸不出拳頭；站在後面

5 參見郭衛東、牛大勇主編：《北京大學歷史學系簡史》（初稿），未刊。

6 王學珍、王效挺、黄文一、郭建榮主編：《北京大學紀事》（1898-1997）（下冊），第六五一頁，北京大學出版社，一九九八年，第一版。

7 王學珍、王效挺、黄文一、郭建榮主編：《北京大學紀事》（1898-1997）（下冊），第六五〇頁，北京大學出版社，二〇〇八年，第二版。

的，既聽不見我們的交代，更看不見我們的臉。他們感到不滿足！三院門外的人群還繼續往裡湧，院子裡面形成一個革命群眾和「牛鬼蛇神」之間全無界限的尷尬場面。這時，人群之中忽然有人喊道：「讓他們站到上面去！」

三院有個陽台，座西朝東，當時早被腿腳快的站滿了。不過，經這一喊，人群之中真的分出一條道來，我們被推上陽台，一字排開，挨個兒向台下交代自己的姓名、出身、頭上有什麼「帽子」等等，台上、台下也都安靜下來。其時，約在八月下旬，正是毛澤東八月十八日在天安門城樓上檢閱紅衛兵之後。毛澤東手扶欄杆檢閱小將的大幅照片，在當時的大報小報和宣傳欄裡，隨處可見。台下的青少年們，可能有他們那個年代特有的敏感，一看我們站在高處，又身在欄杆之後，他們卻要抬頭仰看，不知怎麼，就聯想起「八•一八」的檢閱來。這時候，台下又有人高喊：「不行！像是他們在檢閱！讓他們站到欄杆外邊來！」

四十年之後，為寫這篇回憶，我身帶一捲鋼尺，到三院特地丈量了一回。那個欄杆的高度接近一米；欄杆之外，只有一條寬約七十公分的排水槽，下凹的水槽，寬不足五十公分。當時，我們只好聽命跨出欄杆，站到外面的水槽裡，我的腳尖距陽台的邊緣，約有十公分左右。不想台下又有人喊：「跪下！全都跪下！」到了這個時候，院子裡的推搡、僵持，延續了半個小時；我們被拉到陽台上，又被鬥了半個小時。烈日之下，我們個個頭暈腦脹。我自思忖，這裡只有一膝之地，又是個凹

三院——當年北大歷史系所在地。多麼幽靜的一個院落，可是在1966年的夏天，這裡密匝匝、鬧嚷嚷、亂紛紛！我們在這裡挨鬥、下跪，還被剃了「陰陽頭」！

三院陽台欄杆外的排水槽。1966 年 8 月一個酷熱的上午，北大歷史系的「牛鬼蛇神」24 人在這裡成排跪倒，任人批鬥。排水槽寬僅 70 公分，外面再沒有遮攔。坐跪不允，長跪又重心前傾，人人都怕跌下去。

槽，裡面鋪著石子，跪下，無論如何要控制住身體平衡，否則一頭栽下去，雖不致死，摔斷兩根肋骨，怕是免不了的。那一年，我三十二歲，尚有如此之懼，向達先生六十六歲了，楊人楩、商鴻逵、鄧廣銘、邵循正幾位，也都六十開外或年近六旬，他們能撐住嗎？說來真是萬幸，那天，我們都撐到了曲終人散。不過，批鬥會結束，監管學生喝令我們出去勞動的時候，向達、楊人楩卻仍然跪著不動，原來，他們一時竟站不起來了。

這是我們「文革」中遭遇到的「第一跪」。其實，控制平衡不栽下去，還算容易；精神和人格上能夠承受住這種壓力和羞辱，才是難關。西語系的教授俞大絪是英國語言文學家，平日教學嚴謹，要求學生在準確之中更求熟練，是一位受人尊敬的教授。在我們跪倒三院之前幾天，她被勒令當眾下跪。出身名門、精神優雅的俞先生，是一個視尊嚴重於生命的人，這個世界既然如此地對待她，那還留戀什麼呢？回到家裡，她就從容、尊嚴地離開了這個世界。這個消息剛剛傳到我們耳朵裡，還在心頭震盪的時候，齊唰唰的一長排，我們也都跪下去了。最讓人擔心的是向達先生，他脾氣倔強，恐怕承受不了這個「待遇」。第二天集合的時候，不想真是缺了他。我們心裡一驚，還好，他只是遲到了。雖然他因此被臭罵了一通，站在隊裡的我們卻替他慶幸——向先生挺過了這一關！

日後，向先生還有第二跪，那就是他一個人的獨跪了。周一良和我等人，後來

三院的大門，「廟小神靈大，池淺王八多」，這樣一副對聯貼在這兩扇朱漆大門上，開始並不起眼，後來經人潤改一字，成為「廟小神靈大，池深王八多」，舉校為之震撼，寓意何其大焉。

也有二跪和三跪。到了二跪的時候，我才悟到第一跪原來還有熱身功能。三院那天，齊唰唰一排，我們跪滿了陽台上的排水槽；屈辱、壓力雖大，可「牛鬼蛇神」的人數也頗為眾多。力學上有一條定理：底面積越大，單位面積的壓強越小，兩者適成反比。它用在我們身上，就顯出獨跪與眾跪的差別！若問，獨跪愧，與眾跪愧，孰愧？當時我們人人都是羞愧難當，甚至愧得尋死覓活！如今呢？如今，我要向有問的朋友高聲吶喊，喊出一聲：該愧的應有人在！該愧的不是我們！

此刻的歷史系三院正是密匝匝、鬧嚷嚷、亂紛紛！忽而之間，竟然得到偉大領袖的親切一瞥，此事又有幾人知曉？

一天，我們照例按時到達三院報到集合，進門的時候，看見褪色的紅漆大門上，多了一副對聯，寫的是：

廟小神靈大

池淺王八多

我自淪為「牛鬼蛇神」已經一月有餘，低頭彎腰、口稱「有罪」等手、眼、身、法、步等四功五法的台上功夫，大致練就，心理上卻還沒有調適過來。這副對聯，用的是當時寫大字報常用的那種薄薄的粉連紙，字寫得歪歪扭扭不說，貼也沒貼牢穩，一副的上角耷拉下來，半個字還遮在裡面。我看了一眼，心裡就噁心、反感，覺得這是直白的人身侮辱，歪曲了嚴肅的政治鬥爭，相信有識有見的領導者一定會站出來給予引導和糾正。您別見笑，那時我雖然身陷「牛棚」逾月，還是一腦袋的正統思想！過了幾天，還是三院大門那個老地方，另換了一副對子，上聯依舊，下聯卻改動了一個字，成為：

廟小神靈大
池深王八多

這新的一副，字體大了許多，換了一手漂亮的顏魯公，貼得也是嚴嚴整整。

時任北大「文化革命委員會」主任、一時叱吒風雲的聶元梓，後來在回憶錄中談到前一副對子時說：「這對聯不知怎麼傳到毛主席耳朵裡，毛主席說，要改一個字，『池深王八多』。毛主席的話，是他的女兒李訥當面告訴我的。」[8]彼時彼刻，毛主席他老人家但凡有一句什麼話發出，各地都要作為「最高指示」、「最新指示」，敲鑼打鼓，廣為傳播，號稱「不能過夜」，已經成為通例，可偏偏這個獨家消息、足可抬高聶元梓身價的奇貨，卻悄沒聲地悶了下來，這是何緣何故呢？後來看到的材料表明，毛主席他老人家那個時候的打算，是把「文革」這把火直燒到高層，燒到全國去，可這是他葫蘆裡的藥，又有誰能夠知道呢！原來這是一盤棋，

8《聶元梓回憶錄》，第一六三頁，時代國際出版有限公司，二〇〇五年。

不過剛剛開局而已。到得後來，只殺得天昏地暗，血流漂杵，方才見罷。此時此刻三院大門上的對聯，不過是他佈下的一個小小棋子而已。北大北大！北大成了兵家必爭之地，成了政治棋盤上的金角銀邊！三院三院！三院沾光不小！

我被打成「牛鬼蛇神」，來得太突然。當時我家住在市中心的東單，距北大約有一個半小時的公車路程，交通不便。愛人擔心我的處境，但是無從打聽，不想，女兒給她帶來一點消息。當時，不足四歲的女兒，在天安門附近緞庫胡同一個街道辦的寄宿托兒所裡，星期六接回家。那天，她回家就告訴媽媽：「爸爸是『黑幫』，在北大拔草！」這是托兒所一位到過北大的老師，同另一位老師說話時被她聽到的。小孩子學舌，並未經心，更不知道什麼叫「黑幫」；可多少年之後，我愛人仍然記得女兒說話時那一臉的嚴肅神情。她傳達的是老師的語氣，是那個時代的氣氛，也是毛主席要把「文革」烈火從底層燒起的戰略部署！我整天被人推來搡去，不知道觀眾裡有女兒的老師；終日淹沒在人群、口號和批鬥聲中，懵懵懂懂，我哪裡知道自己的角色呢！

正是：

開局布子　金角北大勞借重，

池淺池深　銀邊三院有名聯！

「牛棚」之外的「牛鬼蛇神」

歷史系免除了隨時批鬥和監督勞動的「牛鬼蛇神」也有幾個，不過，他們的境況比我們更糟。

第一位是系主任翦伯贊。

一九五三年，我考入北大歷史系的時候，全系師生都尊稱他為「翦老」，那時候他不過五十多歲。他是「文革」初起被拿來祭旗的一顆牛頭、豬頭或羊頭——一件犧牲。一九六六年三月，後來成為「中央文革小組」成員的戚本禹等人在《紅旗》雜誌和《人民日報》上，發表長篇文章〈翦伯贊同志的歷史觀應當批判〉；同年六月三日，《人民日報》又以社論〈奪取資產階級霸佔的史學陣地〉為題，誣指翦伯贊是「史學界裡的『保皇黨』」。緊接著，毛澤東自己出來點了翦伯贊的名。從這個一日一變的日程表，大致可以看出：先是貌似史學觀點的批判，一變而為對學閥地位的正義撻伐，再變則由學術而政治，翦伯贊遂成為政權的敵人。比起「陸平及其一夥」一夜之間變成敵人，這是上供的犧牲才得獨享的漸進式禮遇。可這

翦伯贊在「文革」風暴到來時，擔任北大歷史系主任。他與歷史學家吳晗先後同遭批判，是為祭獻「文革」大旗的兩件犧牲。

「溫水煮青蛙」的滋味，又有什麼好受呢！翦伯贊一因欽點干係重大，二又常年哮喘，身體太差，他的一把骨頭一拉就會散架；要是真拉散了，把該交代的材料一起帶走，這個責任誰擔當得了？因此，作為犧牲，他派有專人看管，關在房間裡寫交代的時間居多，不過，盛大的批鬥會從來沒有讓他缺席。有一回他被單獨拉出來，被命站在一輛馬車之上——那個時候，校內搬運桌椅、教具等物，都靠馬車和人力排子車。馬車不疾不徐，在校園的大道上轉了一遭。孔夫子周遊列國的時候，坐的也是馬車，可有門人子路駕車，一路小心謹慎。翦伯贊呢，當時他不多不少七十歲整，本該是「隨心所欲不逾矩」的時候，可只做到了後面三個字：不能逾越紅衛兵定下的規矩；至於「隨心所欲」，則無論如何也做不到了。他被喝令站在車上，手沒得扶，腰沒得靠，路邊的學生只覺得別致有趣，活像是看一場猴戲——批鬥會這個玩意兒，出世不過一、兩年的光景，這麼快就異化變種了，當初的威嚴衰竭了大半，反添了幾分惡搞和揶揄。這一來，可苦了我們的翦老，他站在車上，只求一不栽倒，二不顛散。這就是他沒進「牛棚」、單獨散養的大概情況。這種日子過了將近三年。一九六八年十二月十八日，中央直屬「劉少奇、王光美專案組」一位副組長，來到翦伯贊的住處燕南園六十四號；他身著軍裝，對臥病的被審問者，進行了多次逼訊。翦老一生閱歷見識甚廣，可謂世事洞明。那大風大浪的三年，他都熬了過來；現今，監改已經解除，工資扣除減少，住房也由一間改為兩間，這回他怎麼

齊思和，北大歷史系教授，曾任世界古代史教研室主任，對西歐封建社會，特別是西歐封建莊園制度頗有研究，並對中國古代史也有研究，是一位學貫中西的學者。

反倒走不過來了？無論當時，無論事後，人們都認為，這其中「皮褲套棉褲，必定有緣故」。可這審問的詳情，當時就沒弄清楚，今天照舊只能是一筆糊塗賬了。十八日的夜晚，翦老與老伴戴淑婉，袍服鞋帽，穿戴整齊，服下足夠的安眠藥，雖不能以壽終，也算是雙雙保全了骸骨。骸骨雖全，送到火葬場，卻被用了化名[9]。後來平反、開追悼會的時候，連骨灰也無從尋找了。今天，如若有人來問當年的審問者為誰，我們但知他姓巫名中，在軍中原是個政治幹部。至於巫某的再多情況，當時不是歷史系師生可以過問和知曉的，今日當然更無從訴說了。但這是一段歷史，有多少，是多少，可以全數記錄在案的，就是這些了。

此外，沒進「牛棚」的還有哈佛的博士、學貫中西的齊思和教授以及副系主任許師謙。他們二人，一個糖尿病，一個腦血栓，「文革」爆發前一年、即一九六五年，已經臥病在床，站都站不起來了。要鬥他們，還得有人左攙右扶，那不成個鬥相。那樣批鬥，不僅長不了半點革命志氣，反要惹上一身晦氣，因此，就讓他們單獨享受床前批判和口頭交代的「優遇」，監督勞動也就不提了。許師謙，西南聯大歷史系畢業，在昆明加入地下共產黨。解放戰爭時期，他在雲南打游擊。大軍入滇的時候，他擔任景谷縣委書記，為配合解放，帶領十幾個人去守衛一座橋樑——那

9 謝甲林：〈我在北大保衛組處理翦伯贊之死〉，見《百年潮》二〇一二年第五期。

是大軍必經之地。他們剛到橋邊，還沒站穩，就聽槍聲大作，而據報解放大軍尚在百里之外。他心想完了。他本是一介學生出身，手裡剛拿了幾天槍，還從沒有放過；他手下的人也是剛放下鋤頭的農民。聽到槍聲，他們全都慌了。他本以為此橋就是他的葬身之地，不想，隨著槍聲到來的正是大軍，於是他把此橋視為再生之地。解放以後，他願意回歸到知識分子圈子工作，一九五七年來到北大，擔任歷史系黨總支書記、副系主任。他多年獨身生活，四十多歲了，方才成家，夫人小他近二十歲。「文革」開始的時候，他被指為「假黨員」，這是好大的一個「罪名」。他的夫人被弄得不知底細，趁子女不在之際，懇切相問：「你究竟是不是真黨員，總該告訴我啊！」許師謙回答說：「是假的，這麼多年過去了，我能告訴你嗎？不是假的，如今告訴了你，你能相信嗎？」若是細心體味，夫妻之間的房中對話若此，當時的社會氛圍如何，或許可以從中悟得一二。在中學任教的許師謙夫人，緊跟著也受到學生的衝擊，自顧不暇了。她早上出門，在許師謙的床頭留下幾個火燒、一瓶白開水；癱瘓的許師謙，只盼審問、外調的學生到來。有時候他一天吃不上飯，火燒和水就在床頭，可他身子半癱，就是抬不起手，拿不到水，審問者到來，不遞給他水和火燒，竟弄得無從開審。

審問、外調，當時是我們一眾「黑幫」害怕而又難躲的事，一語不合，就遭一頓打罵，許師謙卻盼審盼調。他後來同我談起此事，讓我這個同類也感唏噓。

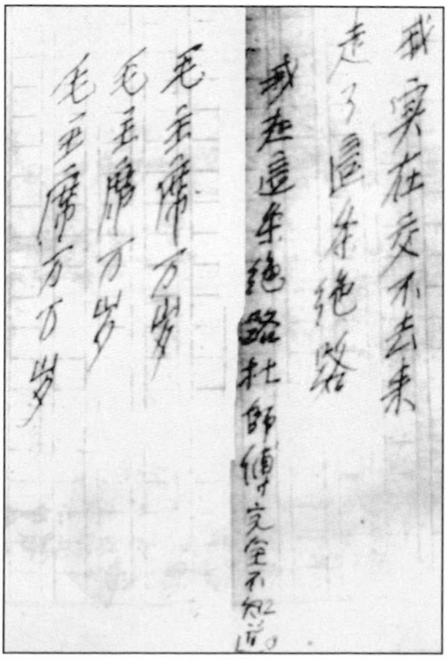

我实在交不出来
走了这条绝路
我走这条绝路杜师傅完全不知道。
毛主席万岁
毛主席万岁
毛主席万万岁

▲北大燕南園64號。1968年底，翦伯贊的處境略有鬆緩，他被允許從一個大雜院的一間小平房遷居此處，工資也開始少扣一些。這樣的鬆緩日子只過了一個月，他和老伴就雙雙踏上了不歸路！

◀翦伯贊絕命書。1965年12月，戚本禹有〈為革命而研究歷史〉一文，不點名地批判翦伯贊。兩週後，毛澤東說：「戚本禹的文章很好，缺點是沒點名。」由此，翦的大名上了報刊，人遭批鬥。三年後，他再挨不過去，在絕命書中報以「萬歲」，三呼而去！

第四位沒進「牛棚」的是汪籛教授，時任代理副系主任。汪籛專攻隋唐史，一九三八年畢業於西南聯大史學系，一九三九年考入北大文科研究所，當陳寅恪的研究生，受過嚴格的史學方法訓練，採用材料嚴謹準確，有幾分材料說幾分話。陳寅恪寫《元白詩箋證稿》，任用年輕的汪籛作助手，汪籛也由此大致形成自己的治史路數。他極富思辨力，講起課來，依據材料，縱橫對比，把事情分析得透闢入裡。

一九五四年，我聽他講「中國通史」的秦漢部分，講到秦始皇統一六國、建立中央集權制國家一節，他居然用去了四節課時間，聽得我們全班都覺得饒有興味，明知進度耽誤下來

陳寅恪。汪籛在西南聯大讀研究生時，得遇陳寅恪作為導師，奠定了他一生道路。汪氏日後治史，依循乃師路數，嚴謹周密，不作任何枉說枉斷。

汪籛，北大歷史系教授，陳寅恪的高足，1953年曾受中科院委派南下廣州，敦請陳寅恪出任中古史研究所所長，陳口述〈對科學院的答覆〉，提出就任三條件，不獲採納，終未北上。「文革」初，汪一遭批鬥，沒有半刻猶豫，仰藥而死。（汪安提供）

了，也都心甘情願。一九五四年的除夕夜，他到學生宿舍，同我們一起吃年夜飯，喝醉了，倒在一個學生的床上，就和衣睡到天明。我們到他家請教，談到晚上十點左右，不管幾個人，照例一人一碗湯麵。我們三口兩口下肚，他邊說邊吃，最後半碗總有夫人重新熱過再端來。在我們眼裡，他隨和親切，思想又很深刻。一九六二年十一月，汪籛在中央黨校講課，對唐太宗和魏徵有如下一段評論：

> 隨著國內形勢的好轉和邊疆勝利的擴大，到貞觀中年，在他（唐太宗——引者）的思想裡滋長了驕傲自滿的因素，政治逐漸不如以前了，兼聽、納諫的良好作風漸漸沖淡，對農民的讓步政策開始不能很好地執行，侈靡奢縱的行為也有所發展。這種變化引起了一部分大臣強烈的反應。貞觀十一年（六三七年），魏徵連續上了論時政四疏，反覆勸告他要慎終如始，應當經常以亡隋為鑒。

「文革」發生之前，不知什麼人要為唐朝的這位名相魏徵寫傳，要汪籛幫了點忙。只因魏徵敢於犯顏直諫，很有一點海瑞的影子，歷史學家吳晗的新編歷史劇《海瑞罷官》一挨批，就像病毒傳播一樣，魏徵傳也就有了歌頌海瑞第二、影射當今之嫌。不過，起初的一段時間，批判歸批判，總還保留著「學術批判」的最後一點限度。沒想到，如今中央下達的「五•一六」通知[10]，竟點名說，吳晗的《海瑞罷官》原本是政治問題，卻把它作為學術問題去討論，那是彭真的陰謀和霸道。這樣，早與《海瑞罷官》綁在一起的魏徵傳也就無處藏身了，汪籛也因此被牽連其中。學生把鬥爭會開到他的家裡，大字報貼到了門上。他受不了，他要抗爭！那個時候言抗爭，唯一的方式就是去死！汪籛之死，其時乃在一九六六年六月十一日。

「文革」期間，北京大學教職員工和學生中所謂「非正常死亡者」，包括受逼、受辱不過，以各種方式抗爭自戕者，被用拳腳和各種刑具活活打死者，垂暮之年被趕入「牛棚」、有病無醫、壽未終而正寢者，共有六十三名之多。排起隊來，我的老師汪籛是頭一名，在他之後，還有六十二人一個一個隨他而去。在歷史系的五個冤死鬼中，他走得最早，比起翦伯贊，熬到了一九六八年底，各種屈辱都已受盡，最後一樣走了，倒也免除了後來的許多折磨，在冤死鬼中，他算是最幸運的一個！君不見，汪籛走的時候，甚至北大的「牛棚」還沒建立，他都沒來得及進入「牛棚」。

汪籛既在北大死難者中名列第一，北大又是全國首先淪陷之地，那麼，在全國無數「文革」死難者中，他不算拔得頭籌者，也是名列前茅吧！汪籛老師，時隔四十多年了，我應當告慰於您的靈前，是您第一個做出了勇敢的抗爭！在您之後，冤魂浩浩蕩蕩，那是多麼雄壯的行列！有時候我會冒出一個很幼稚的想法：那麼多的死難者，只可惜零零星星而去；既有一死的勇氣，幾個同道何不彼此相約，大家一起去死！一起去死，對社會總有震動！震動一大，也許死個百分之一、千分之

俞偉超，北大歷史系講師，「文革」初以「黑幫爪牙」罪名被揪鬥。33 歲的他，竟連續三次自殺而未能去。王羲之〈蘭亭集序〉云：「死生亦大矣，豈不痛哉！」每念及此，我就想起當年北大 19 樓集體宿舍聯榻夜話的俞兄！

一，就能發生一點阻遏的作用？可回頭一想，照我說的這種死法，首先得去串聯，可串聯去死的預謀，怎麼能做到呢？那個時候，電話撤了，門也不得出了，連個串聯的手段都沒有，何談我的非非之想？

第五位免除示眾批鬥的是俞偉超，這位考古專業的年輕講師，當年不過三十三歲。「文革」結束以後，他主持過山東臨淄齊汶城遺址等多項考古發掘和調查；上世紀九十年代，曾擔任中國歷史博物館館長。長江三峽水庫動工之前，成立了一個文物勘察和保護小組，專負防止地下文物被水淹沒之責，主其事者就是俞偉超。秦漢考古是他的擅長。「文革」初他被揪出來的時候，在系裡沒擔任什麼負責的職務，因此只戴上了一頂「黑幫小爪牙」的帽子。批鬥過幾次之後，他用雙手觸摸電門，因此失去了兩根食指。「千古艱難唯一死」，俞偉超一死不成，復求再死，一個苦雨淒風的下午，他去北大附近的鐵道上臥軌，司機遠在二百米外發現，就開始鳴笛、剎車，無奈他決心已定，紋絲不動。火車慣性前行，幸虧車前裝有木質擋板，把他推出好遠，雖沒傷及骨骼，臀下肌肉，卻被推得模糊一片。這是一九六六年七月間的事。批鬥會如火如荼的時候，俞偉超正躺在醫院裡。接著揪出來的十幾

10 即一九六六年的〈中國共產黨中央委員會通知〉，當年五月十六日經中共中央政治局常委擴大會議通過，因此簡稱「五・一六通知」。

個人，個個「罪名」都比他大，相形之下，大家悟到他這個「小爪牙」實在太小太小，實在算不上什麼。這樣，俞偉超慢慢被冷落在了「牛棚」之外。

不想，幾年之後，俞偉超對學生張承志敘說他「文革」中自殺經歷的時候，竟然吐露：「大家都知道我剛才說的那兩次，不知道還有一次。我從來沒告訴過別人還有一次：在陽台上，繩子斷了。」[11]

正是：

何物圈養復散養？

欄柵有形無形中！

11俞偉超、張承志：〈詩的考古學〉，見天津文聯編：《文學自由談》，一九八七年第五期，總第十二期。

「陰陽頭」旋風

「歷史系文革委員會」是直接管理我們的「紅色權力機構」。它規定，「牛鬼蛇神」每天早晨八點要到三院——「歷史系文革委員會」所在地列隊集合，聽候點名，然後有學生把我們押到學校的某個地方勞動。下午兩點，亦復如此。押管我們的學生通常是兩名。

還是在陽台下跪之前，一九六六年八月中旬的某一天，我們照例來到三院，正在聆聽訓斥之際，又進來三、四個學生。他們相互嘀咕了幾句，訓斥停了下來。來人中一個手裡拿著個小布包，另一個搬過一把椅子，讓我坐下——自從被批鬥以來，凡在學生面前，我們總要低頭站立，這已經很有一些日子了，此刻忽然受命坐下，情知不好受用，我身子坐了下來，心裡卻上下忐忑。只見來人打開小布包，亮出一把理髮推子和一把剪刀；另一個上來按住我的頭，喝令我不許動彈。「哢嚓！哢嚓！」頭髮一縷一縷掉了下來。我明白了，此刻應是「留頭或留髮」的選擇之際，意識告訴我，要選擇留頭，因此老實聽命，沒有一點掙扎，但也說不上情願配合就是了。時間不長，作業完畢，我被喝令站起，立在一旁。接著，范達仁被喊坐下。

我的頭給理成了什麼樣子，心裡很想知道，但站在那裡的我，卻硬撐著一動不動——我不願意抬手去摸。此時此刻，我還能做什麼呢？兩手下垂，盡量擺出自若的樣子，這是我唯一能做到的事。您也許不能理會，這是我保持自尊的唯一方式！當時我跟監管學生還較著勁兒，我覺得，這有點像是戰場上的對壘，既然已經無力反擊，只顧去撫摸自己的傷口，又有什麼用呢！給人看見，倒顯得撐不住。等到范達仁站起來，我定睛一看，乖乖！他的頭上，剃了右一半，留了左一半；留下的一半，又是毛毛茬茬。這個景象，旁人看了，大概會哭笑不得，可我們當事人呢？我們讓人折騰近一個月了，已經弄得三分像人、七分像鬼，這回連三分人相又去了兩分，此時此刻，倒是有九分像個鬼了！

直到這個時候，我竟不知道自己頭上的髮型，還有個名稱，原來那叫「陰陽頭」！就這樣，當天在三院，被剃成「陰陽頭」的還有徐天新、吳代封、夏應元、孫機、張勝宏等人。後來，押管我們勞動的學生在一旁不停地催促，嫌幹活的時間耽擱太多，給我們理髮的學生才算罷手，向達、楊人楩、鄧廣銘等幾位老先生，也才因此倖免這一剃之辱——不過，他們站在那裡，眼看我們一個一個受剃，又時時擔心喊到自己的名字，那番情景，簡直如同陪綁法場一般，恐怕這種折磨，也不比

剃「陰陽頭」。我們遭剃時，沒有留下照片，當時受辱和尷尬的場面，今日無從奉饗。從「文革」被強剃的照片中，選了一張聊備讀者參閱。被剃者李范伍，時任黑龍江省省長。

我們受剃者好過多少！

當時正值酷暑，我們每人都戴了一頂草帽。到這個時候，真要感謝這頂草帽了！它不僅為我們遮陽遮雨，還在校外來人面前，替我們遮住了一點羞辱。拉出去勞動的時候，我把草帽壓得更低，可是，身上覺得很難過，原來頭髮屑進了衣服，又被汗液黏住，弄得上身刺癢難忍。身上蒙刺，心裡蒙羞，這一天全在苦挨中度過。熬到勞動結束，趕回集體宿舍十九樓，我換上一頂布帽，直奔校園的理髮店。誰知道，剛進店門，沒等我說話，理髮師傅就衝我擺手，說：「快走，快走！我們不理！」我先是愕然，又復恍然。原來，在我之前，已經不只一個「陰陽頭」來過；而且，同我一樣，大熱的天，頭上捂著一頂布帽，還有一臉的晦氣！不然，理髮師傅何以不等我脫帽、開口，就要厲聲拒絕呢？這是一間僅對校內開放的理髮店，學生出入很多。說來也是，學生要把我們理成「陰陽」髮型，理髮店怎敢違拗，硬跟學生們對著幹呢？這位理髮師傅，聲色雖然嚴厲，但從他的臉上和語氣中，我能感到，他只是維護店鋪，並無意與我刁難。

我不及多想，抽身直奔海淀——海淀鎮上有一家理髮店，那是為市民開設的，價格稍高於校內福利性的理髮店，學生很少光顧。那裡才是該去的地方，我怎麼早沒想到呢？走出西南校門，過馬路進入南北向的小胡同軍機處，對面來了徐天新，他的頭上也是一頂布帽。見了我，他用手指指帽子，又搖了搖手，動作都很小心。

胡同很窄，走到擦身之際，他悄聲說：「都不敢理，往外轟！」我才知道，海淀街上的這條路也走不通了。不過，這時候，還要顧及如果當即折回頭，與徐天新並肩同行可能惹來麻煩，因此，我又往前走了幾步，直到兩人之間拉開足夠的距離，才轉回身，走出胡同，再向東走一段路，進南門回到學校。

事後我才得知，那幾天給「牛鬼蛇神」剃「陰陽頭」的，何止歷史系一家！原來北大各系都有；又何止北大一校！原來北京市各校都有。那是霎時間颳起來的一股「旋風」，只颳得各處理髮店視「陰陽頭」猶如災星進店。聽說真有幾家胡同裡的小理髮店，因把「陰陽頭」改剃成光頭而被興師問罪，甚至店鋪被搗、師傅遭打的。

那個時節，與強剃「陰陽頭」同時颳起的還有另一股風，叫大破「四舊」。

「四舊」指的是「舊風俗、舊習慣、舊傳統、舊意識」。至於「四舊」如何界定，那就全憑大破「四舊」的主角——紅衛兵說了算，甚至全憑來到你家造反的那十個、八個或三個、兩個紅衛兵說了算了！只要是胳膊上套塊紅布、寫有「紅衛兵」三個字的

北大的理髮店。六十多年來，這裡一直是校園的理髮店。1966 年 8 月，大熱的天，凡是捂著一頂帽子進店的人，一律被拒於門外。那幾天，北京全市幾乎所有的理髮店，都不敢接攬修理「陰陽頭」的活兒。

人，說了都算！一時之間，從過肩長髮、旗袍、戒指、手杖、煙斗，到蓄鬚、祭祖、拜佛等等，全被視為「四舊」，都在要破之列。周一良先生的左手無名指上，有一枚鍍金戒指，那是他與夫人鄧懿的婚戒。我進入北大不久，就發現站在講台上的周先生抬起手來的時候，會閃出一點亮光。如今，大破「四舊」之風已經颳了好幾天，周先生拔草、掃地，伸出手來，還見那一點亮光，難道周先生不知道這會惹來麻煩？果然，有學生來問了，周先生連忙回答：「我知道，這是『四舊』，該破掉！戴上去二十幾年了，指關節變粗，退不下來了。我一定想辦法，想辦法！」還好，那個學生沒有進一步無禮。第二天，周先生的手上真的不見了那枚戒指。等幹完活兒，座談改造體會的時候，周先生說，頭天晚上，他到海淀一家鐵匠鋪，央求一位師傅幫忙，說明這是「四舊」，無論如何要破掉才好。鐵匠師傅小心翼翼，用鋸子把戒指鋸斷了。周先生說，他非常感謝這位工人師傅，言下不勝釋然。我們也覺得那個讓人擔驚受怕的「閃光點」，總算消除了，為周先生鬆了一口氣。可是，三十二年之後，周一良先生在他的《郊叟曝言》裡重敘了這段往事。到了這個時候，他才把幾十年憋屈在心裡的一腔悲愴、惋惜和無奈，一股腦兒全倒了出來[12]。

與周一良忍痛斷婚戒相類似的事情，當時我們還聽到幾件。哲學系心理學專業

12《周一良集》第五卷《雜論與雜記》，第三七九頁，遼寧教育出版社，一九九八年。

有一位副教授沈廼璋，我入學之後，有人曾把他指給我看——當年的沈先生四十多歲，一手拿著個大大的煙斗，另一手提個「司提克」（stick，手杖），臉上一副濃黑的山羊鬍，走在校園裡十分神氣，惹得學生常常停步注目。如今，這些惹人注目的東西，全成了「四舊」，一下子破了個乾乾淨淨！沈先生有生以來，一直生活在尊嚴與優越之中，此時的屈辱與損害，卻是沒完沒了，他怎麼承受得了呢？「文革」事起三個月之後，一九六六年的十月，他竟仰藥而死，年僅五十五歲。馮友蘭先生，人們都知道他有一副美髯，足夠半尺之長。長髯與他寬闊的額頭相配，正是一位東方智者的形象。他當時同樣遇到了「留鬚還是留頭」的課題，他斷然把一副美髯付予了剪刀和字紙簍。時隔三十年之後，當我讀到他晚年的力作《中國哲學史》七卷本的時候，忽然感念多多：幸虧當年他承受了那割鬚之辱，否則，今天哪能有這部著作留世！

寫到這個地方，我不免把當年存在心裡的疑問提出來：強行割鬚、剃髮，難道不是「舊意識」的反映嗎？莫非其中存有什麼除舊佈新的革命性含義，值得去大事張揚？

戰國以後，中國出現過一種「髡刑」，也叫「髡首」，就是把犯人的頭髮強行剃光，用以懲治犯有「罔上」之罪的人。「髡笞」、「髡流」、「髡鉗」、「髡刖」、「髡頭墨面」等等，都是先剃了頭髮，再配以其他刑罰的名稱。學生來給我們剃頭，不言而喻，首先是把我們視為「犯人」，可以任意擺佈；除此之外，剃而不光、留下一半，再配上「陰陽頭」這個名字，不需多想，裡面已經加了一層惡少惡搞的成份。這同三院大門上的對聯，又有什麼本質區別呢？名聯、剃髮，正可謂上行而下效，異曲而同工罷了。托爾斯泰在他的長篇小說《復活》裡，描寫俄國流放犯、苦役犯的時候，倒是多次提到，犯人被「剃光半邊頭髮」。那是為了便於識別、追緝在逃的流放犯。逃犯就是在解凍的季節，也要用半年的時光才能走出茫茫的西伯利亞，而那被剃去的半邊頭髮，無論如何來不及與另一半長齊。可我們呢，我們就是沒有被剃，又有誰敢逃跑呢？早已陷入人民群眾汪洋大海之中的我們，如今完全成為惡少惡老拿來尋開心之物！

那天我回到宿舍，憑一把小剪刀和一面口袋裡裝的那種小鏡子，把剩下的一邊頭髮剪短。做這件事，真是費了好大的力氣：一手拿起剪刀，另一隻手提起頭髮，再沒有第三隻手去拿鏡子了。圓鏡沒有鏡架，支不牢靠，難免晃動；一晃動，就對不準頭髮。因此，剪刀下去，多一半是憑感覺。剪到哪兒算哪兒吧，只要陰陽渾沌、反差不太分明也就算了。

第二天早晨，大家按時來到三院集合。列隊點名的時候，頭上的草帽必須摘下來，扣放在背上。我們彼此一看，又是一個不得笑也不得哭！我們個個都變了模樣。沒被強剃的幾位，不約而同，都理成了平頭——可別小看了這半寸平頭！作為過來人，我一眼就看出這個髮型的多重功能和非凡含義：被人揪一把的危險完全免除，被強剃的可能性大大減少，而留下的半寸，則是被剃者絕非自願的一個表徵！如果看到一個人剃了半寸平頭，便可大致判定他原來的職業和當下的政治身份，但這半寸頭髮，也把我們最後的一點自尊，淺藏（不，深藏！）在了裡面！

前面提到，我們「牛鬼蛇神」當中，有一位女性——陳芳芝。她是廣東汕頭人，生於一九一四年，這時候五十二歲，一直單身生活。她小學、中學在天主教會學校和香港教區學校讀書，後來考入燕京大學政治學系，讀了本科，再留學美國，一九三九年獲博士學位後，回到母校任教。抗戰爆發，她輾轉入蜀，在成都燕大執教，抗戰勝利以後，燕大遷返北平，陳先生擔任燕大政治學系主任。一九五二年，中國的高等院校有一次結構性的調整，院系解體，重新組合，動作很大，其中政治學、社會學這兩個學科乾脆取消了。前者，被認為是資產階級偽科學；後者，被認為是雞零狗碎構不成體系的非科學。此後的二十七、八年，在高等院校的學科目錄中，一直不見它們的名字，當然更談不上招生上課了。心理學的境遇稍好一點，雖有唯心主義的嫌疑，不再獨立成系，但還可以在哲學系的屋簷之下，作為一個專業，少招幾個學生，開班上課——不過，這只限於北大、復旦兩家。話說回來，那次院系調整當中，燕大的政治學系取消了，陳芳芝棲身無所，被分配到北京政法學院，所用終非所長。到一九五四年，因她在燕大時從政治學角度，鑽研中外關係史和中國邊疆問題，積有年月，與歷史學能沾上邊兒，即煩人說項，改調到北大歷史系的中國近現代史教研室擔任教授。這回專業算是對口了，但很少讓她上課。我記得，她只給幾個學生講過專題課。一九五八年，我本科畢業，留在近現代史教研室當助教，每逢政治學習，一說到相關的話題，陳先生總要檢討自己有「買辦思想」，可她說得不清不楚，我也聽得不明不白。至於她為什麼以「漏網右派」罪名落入「牛鬼蛇神」隊伍，我就更說不清了。她單身一人，平時生活優裕而單純，當校外來人圍起我們時，她真是驚慌萬狀，誰見到她那個樣子，都不能不為之動心。因此，三院患難之際，我們「牛鬼蛇神」也要挺身出來，把她圍在中間，就連幾位老先生也不例外。

在我被剃成「陰陽頭」之後幾天，陳芳芝的髮型才變了樣。說來，她的頭髮也就是比我剃去之後的略長一些，比我原來的，卻短過許多。這個時候的她，就連當時「颯爽英姿」、「不愛紅妝」的女紅衛兵們，也難得趕上了！她怎麼弄短的呢？我猜想，她是熬到星期天去理髮店理過的吧？孤獨一個人，有誰能來幫她一

《東北史探討》是陳芳芝早期的論文，經學生整理、翻譯，以《東北史探討》作為書名，於1995年出版。對於今日研究東北邊疆史的人來說，這仍是一部必讀的書。

陳芳芝，北大歷史系教授，畢生從事邊疆史研究，對俄蘇侵佔我東北，多有詬病。中蘇修好之際，形格勢禁，她的研究完全停頓，「反蘇」的「帽子」在她頭上影影綽綽。而後中蘇交惡，她早年的文章又被人想起並多番引用。她本人在這種「今是昨非、昨是今非」的反覆中，精力耗盡，走入暮年。

把？頭髮奇短的她，這個時候在我的眼裡，突然增出幾分生疏感；她本人此時的心境，又該如何呢？

我也是熬到星期天回到家裡，愛人用剪刀細細修理一回之後，才算可以脫帽見人。修理的時候，頭髮屑和愛人的眼淚，一起掉在我的胳臂上，我有點淒然；理完之後，對鏡一看，鏡裡的自己，也有幾分生疏。

正是：

鬚髮一半強梁剃，
男兒從此不衝冠？

向覺明難覺難明

連下幾天雨，校外來的參觀者減少，我們也被改令去打掃樓道和廁所。在樓道裡幹活，有個遮擋，不再暴露於外來人群的追逐之下，多少可以免除不停的責問和突然的拳腳。可是走在樓道裡，磕頭碰臉的，全是同事和熟人，受辱的感覺更甚於陌生人前的拔草。一天，我在樓道裡碰見一位越南留學生，他聽過我的課，平日執禮甚恭，不想此刻他依然要躬身施禮。而那個時候的我，真叫尷尬萬狀。還禮不是，不還禮也不是，我只好手拿掃帚趕緊往廁所裡面掃。越南留學生不久都回國了，不過，這位學生的名字，我倒因此始終記得，他現在也該是七十出頭的人了吧！

我心裡覺得不是滋味，那幾位上年紀的老人呢？他們時時碰到的都是自己的學生和晚輩，此情此景更何以堪！有人進了廁所，見我們在那兒幹活，扭頭出去，另找地方；也有人或因情急，或是豁達慷慨，能夠放得開、便得出，那就是我們幹我們的，他幹他的了。「相看兩不厭，只有敬亭山」。沒有幾天，小便池裡多年積垢的尿臉，一層又一層，讓我們刮了個乾乾淨淨，多年不見的水泥本色顯露出來。

一天上午，我們正在打掃文史樓，忽然一聲喝吼，來了兩個學生，把我們集合在一個房間裡。「向達！」其中一個喝道：「你竟敢仇視偉大領袖毛主席！真是反動透頂！」向達教授被打入「牛棚」，頭上有兩頂「帽子」：「反動學術權威」和「右派分子」。前一本是明賬，後一本是老賬，兩者都是盡人皆知的事。對領袖有什麼不恭，可從來沒聽說過。不過，一聽到「仇視」這兩個字，我自己的神經倒先緊繃起來——因為當時的批鬥，常用一個代數學上「同類項可以合併」的辦法，能一鍋煮的，全放進去。今天如若要鬥向先生的「仇視」，陪鬥的一準兒是我這個「反對」[13]了。在此時刻，我格外添了一份兒小心。

一個學生說：「向達！我們剛剛對你的狗窩採取了革命行動，鐵證如山，你要老實交代！」——所謂「革命行動」，我們一聽全明白，那就是向先生的家——燕南園五十號被抄過了。那口氣好像還抄出了什麼犯禁的東西。這種喝問重複了幾遍，但見向先生的臉上，全是茫然和無奈。他回答不出什麼，也分辨不了什麼。

一個學生開了口：

「你的茶几兒上是不是有毛主席瓷像？」

向先生答：「有！」

「對面桌子上有什麼？」

向達，北大圖書館館長、歷史系教授，中科院學部委員，一生從事中國古代史研究，是敦煌學的奠基人。他有學問、有脾氣、有風骨，但拙於言詞。在西南聯大，他的敦煌講座起初爆滿，第二講即將開始卻人影零落，助教鄧廣銘只得拉辦公室職員去填空。

向先生答有茶壺、鬧鐘之類。

兩個學生很光火，大喝「不老實！」向先生回答不出其他，僵持了好一陣兒。最後還是學生說：「對面桌子上是不是有一隻老虎，張開大嘴，衝著毛主席！向達，你發洩對偉大領袖的仇恨，真是費盡了心機！」

兩人一遞一句，劈頭蓋腦，訓了足有一刻鐘。不過，從他們的訓斥當中我聽出來，對面桌上放的應是一件工藝品。向先生沒有再做申辯。可事情怎麼了結呢？這時，學生看到牆上掛著毛澤東的標準像，他們就以那個年代特有的思維和理念，喝令向先生在掛像之前下跪「請罪」，向先生照辦了。這是他第二次屈膝。

向達是什麼人呢？他的身世和學問此處不論[14]，只談兩件事，即足見其品德為人。一九四六年，還在昆明的時候，聞一多被暗殺[15]，向達寫文章說：「特務早已有之」，「特務的名字叫狗！」[16]一九四六年的平安夜，駐北平的兩個美軍強暴了北京大學先修班的女生沈崇，沙灘紅樓貼出抗議美軍的大字報，號召學生抗暴遊

13 我的「罪名」是「迫害毛主席的女兒李訥」，這與「反對偉大領袖毛主席」可以劃上等號。

14 向達於一九五五年首批被聘為中國科學院哲學社會科學部委員。當時的學部委員，相當於現在的科學院院士。

15 聞一多，詩人、學者，時任西南聯大教授，目睹國民黨的黑暗腐敗，憤而抨擊，一九四六年七月十五日，在昆明遭國民黨特務暗殺。

16 閻文儒、陳玉龍編：《向達先生紀念文集》，第八一四頁，新疆人民出版社，一九八六年。

北大燕南園50號，這裡是向達先生的居所。「文革」初，他的家先是被抄，後來，他收藏的不少珍本、善本，又被康生竊為己有。

行。十二月三十日，不知幾個什麼人撕扯紅樓大鐘上貼的罷課標語，正被向達先生撞見。向先生一人面對幾個，走上前去，怒斥他們：「你們有道理，也寫大字報貼出來！撕人家的不是本事！」短短幾句，詞嚴義正，聲震樓宇。那幾個人對向先生推推搡搡，這一下更惹惱了他。向達認為，大學的校園裡竟有這種侵犯人身的事情發生，是可忍，孰不可忍！他向校長胡適提出辭職，一時有多少學生社團和教授出來安慰挽留他。學生的抗暴遊行過後，北平軍警當局實行「戶口大檢查」，夜入民宅，抓捕無辜市民多人。向達先生又同另外十二位教授一起簽名發表《保障人權宣言》[17]，向先生的名字因此被當局列入黑名單中，他卻全然不當一回事。這就是當年的向達，可現在呢？我們現在看到的向先生，他訥訥無言，沒有分辨，沒有反抗；還見他屈倒雙膝，跪在毛主席像前，並遵照學生的命令一字不差地口念：「我有罪！向偉大的領袖毛主席請罪！」

如今我該怎樣敘說這段往事呢？歷史有點捉弄人，不過四十來年的工夫，一切竟然恍如隔世，要把它原汁原味說得明白無誤，說得能夠讓人瞭解和理解，還真不是一件容易的事了。請恕我饒舌，讓我把話說得稍遠一點。

---

17 一同簽名的另外十二位教授是：陳寅恪、湯用彤、徐炳昶、朱自清、俞平伯、張奚若、金岳霖、吳之椿、錢端升、陳達、許德珩、楊人楩。

今天提起這樁往事，也許有人會問：是這兩個學生的智力低下？還是他們無理取鬧？我可以斷然回答：都不是！在這裡，您一定不要誤會這兩個年輕人。任何一個人，包括我，甚至向達先生本人，凡是親臨其境的，都能真切地感受到，那兩個學生是在按照自己的認知行事，說話、呼吸，都有一股堂堂浩然之氣。對當時的大局，我們人人都有困惑和迷惘，百思難得其解；而此刻面對這兩個青年學生，對他們的作為，卻有把握作出上面的判斷。我們深知，這不是個人行為，在他們的背後，站著全校的學生，乃至千百萬的同齡青少年。小孩子缺乏識別能力，本屬與生俱來的欠缺，關鍵在於大人如何對待和引導。可在那個年代，在非理性的溫床已經形成之際，偏有那麼一些人，一些以為民心可用的權術之士，從中操縱，上下其手。這種人，上至國家高層，下到一個小小幼兒園、學校、供銷社，幾乎到處都有。想想，氣氛弄到這個份上，國家還能有個好嗎？然而，他們的推波助瀾，確乎成就了「偉大戰略部署的勝利實施」。於是，社會瘟疫流行，害得整整一代青少年染上了恣意追求情緒和暴力的群體性綜合症。時至今日，我們看清楚了，這正是那個時代的悲劇之所在，也是我們民族的悲劇之所在。如果那只是一、兩個學生的不良行為，我們身為人師者，能辭其咎嗎？當教師的受了這樣的對待，活該那是報應！可當時的青少年們，幾乎個個如此，那原因何在呢？這樣的責任，是幾個當老師的能擔當起來的嗎？

當年，硬是有人把紙幣拿到陽光或燈光之下，照出來「打倒毛澤東」的字樣！當年常見的一幅印刷版毛澤東照片，因為上身略略側偏，耳朵只露出一隻，居然也被視為「反對毛主席的鐵證」！當一個為某種情緒化的意識形態所掌控的群體形成以後，那真是什麼不可理喻的事情都幹得出來，這在中外歷史上幾乎一般不二。君不見，義和團的虔誠信眾們，口裡念過一通咒語之後，便相信他的肚皮能刀槍不入，面對洋槍，居然昂首闊步逕直走上去，您說這該有多麼真誠呢！您說這又該有多麼愚蠢呢！而當真誠與愚蠢並存於一身的時候，就萬萬不能對它只有責備了。責備不僅無濟於事，也未免失於淺薄。到了今日，時隔幾十年之後，我們應作理性、深入的思考。那兩個年輕人是在按照他們的意識和認知行事，是在按照當時的主流思維方式行事，因此行起事來，他們那堂堂正正、旁若無物的神情，就是最有力量的說明！

此時的覺明先生已是一位六十六歲的老人。他歷經清末、北洋、民國、共和國幾個歷史時代，還當過一回「右派分子」；他也先後到過英國、德國和法國，什麼沒有見識過呢？說向先生過的橋，比那兩個學生走的路還多，恐怕也不為過！還有，向先生也是個很有脾氣的人，說話行事，一身湖南人的性格。一九四八年，胡適當北大校長。一天，校長辦公室中有幾位教授在談話，時任史學系教授的向達走進來，當面向胡適提出質問：「胡先生，您把北大所有的圖書經費，用去買《水經注》。我們教書的幾無新材料作研究工作，學生無新教科書可讀，請問這是正當辦法嗎？」[18]他的表情相當嚴厲。當時從美國回來講學的鄧嗣禹教授正好在座，事後回憶說，他「一看形勢不免有一番舌戰」[19]，連忙起身告辭。此事另有《胡適書信集》也可以佐證。胡適在致張元濟的信中寫道：「水經注大典本後半部，北大買價為九百六十萬元法幣，說來真有點駭人聽聞。玄伯討價每冊三百萬（原文如此，恐有誤——引者），後來我去南京了，校中以九百六十萬買定，我北歸後始知之。」[20]這是一九四七年上半年的事。那一階段，大約前後有兩年的時間，胡適對《水經注》簡直是著了迷，「有時候一天做七、八個鐘頭」[21]。

還有一件事，抗戰期間，向達曾到敦煌考察過兩次，得知張大千竟因一己之愛，弄走了千佛洞的壁畫。向達也是個鍾愛佛教藝術、守護文化的人，他眼裡揉不下砂子，他能容得了這樣的事嗎？他用「方回」這個筆名在報上揭出此事，在文化界弄成一場軒然大波。

說到這裡，您不免會問：見識、閱歷和性格如此的向達先生，在兩個學生面前，沒有半句的辯白，就屈膝稱罪，今時今日，該作如何的解釋呢？

向先生！您學問再大又能奈若此何！不過，除去無奈之外，我還相信，向先生深知，他面對的不只是兩個無禮小子，而是一種社會和時代的病症！在他一位飽諳世事的老人眼裡，那兩個年輕學生，精神已經處於非常狀態，病得不輕，他心生幾

《向達先生紀念論文集》。向達逝世20年，他的同輩老友和門人出版這部學術文集紀念他。趙樸初題詩：「沉酣經史探鳴沙，學究敦煌自大家。頭白析疑艱一字，心甘負謗殉無涯。」向達1958年被劃為「右派」，負謗近十年，直到「文革」發生，著作依舊不斷。

多憐憫也說不定，有哪家的長者會跟自己的病態孩子去較真呢？何況，這還是一種配以暴力的「紅衛兵文化」與弱勢的正常文化之間的衝突！可憐的向先生身處無奈、強勢暴力和病態文化之間，已很不幸；他能做到這種地步，他有這樣的寬宥和胸懷，讓我們夫復何言！

向達先生，湖南漵浦縣人，表字覺明，他常用的筆名中，有一個是「佛陀耶舍」。據我的師友張廣達先生解釋，「佛陀耶舍」就是覺明的對應梵名 。向先生以漢語和梵語，重複用它作為自己的表字，可見他對人生覺悟的追求和在意。可是，他老人家一輩子快到頭了，突遭這種境遇，讓他能有何覺、能有何明?!

正是：

設神壇　民主科學發軔地，

兩不堪　愚賢老少念書人。

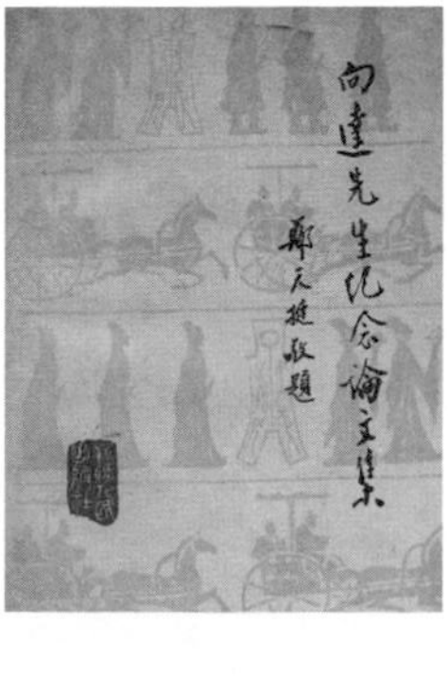

---

18 鄧嗣禹：〈北大舌耕回憶錄〉，見臺灣《傳記文學》，第四十六卷，第一期。亦見王世儒、聞笛編：《我與北大：「老北大」話北大》，第五四一頁，北京大學出版社，一九九八年。

19 同上。

20 見《胡適書信集》中卷，第一〇八四—一〇八五頁，耿雲志、歐陽哲生編，北京大學出版社，一九九六年。

21 同上書，第一一四〇頁，《致趙元任夫婦》（一九四八年三月二十四日），耿雲志、歐陽哲生編，北京大學出版社，一九九六年。

轉押太平莊

一九六六年的國慶日臨近了，我心裡暗暗升起一個希望：監管學生如果放兩天假，我們多少也能喘口氣。

九月二十七日上午，正在校園裡勞動，忽然來了「系文革」的通知：兩個小時以後，各帶行李和《毛選》，原地集合，不得有誤！我們二十四個「牛鬼蛇神」，只有陳芳芝一人不在此列。

北大自六月初校長陸平倒台以後，上面派來「工作組」維持局面，不到兩個月，江青、康生一把火，把「工作組」燒得個火燎腚，捲舖蓋走人了。從此改由「紅色權力機構——北京大學文化革命委員會」掌管校中一切。聶元梓是現成的主任，另湊了學生、工人和教員各若干名，轟鬧一陣，宣告登場。各系隨後也依樣畫葫蘆，成立了「系文革」，於是，北大的兩級「權力機關」就此建立。話說此刻，淪為「牛鬼蛇神」的我們，接到「系文革」的命令之後，只有聽從的份兒，別無其他選擇。

徐天新、吳代封、范達仁、夏應元和我五個人，住在集體宿舍。那些年，常常下鄉，行李繩、背帶、手電筒之類都是現成的東西，我們手腳也算俐落，很快打包起來。我們住的十九樓門口有一部公用電話，我家在城裡住的院子裡也有一部公用電話。離開十九樓的時候，多麼想跟家裡通個話，讓家裡知道我的行止有變。可是，變到哪裡去，我說得明白嗎？再者，那時候我輩的通訊權利，無形之中已被剝奪，大庭廣眾之下去打電話，那只能是跟自己過不去。所以，我們誰也沒去碰它一下。

時屆深秋，衣物不能少帶，可背著行李走路，又不好多帶，真是左右為難。我們到達集合地點，只見幾位老先生的家屬，都用自行車推著行李陸續到來。鄧廣銘先生家住校園內的朗潤園，比楊人楩先生住的燕東園、邵循正先生住的中關園都近許多，可獨獨不見他的影子。直到監管學生發急了，他才姍姍出現。我們「牛鬼蛇神」一夥，兩個月來整天苦臉相對，哪曾有過笑容？這個時候，一見鄧先生的樣子，竟都有點忍俊不禁。原來鄧先生帶的是一床鴨絨被，捆打的時候，沒有擠壓出空氣，好大一個團團，他老人家頭頂肩扛而來。這樣團團軟軟的東西，細繩子怎麼能捆綁得緊呢？鄧先生從家走到這裡，繩索漸鬆，鴨絨漸漸膨起，被子裡面的衣服都快掉出來了。鄧先生體軀肥碩，此時雖已秋涼，他頭上卻冒了汗。監管學生見狀，只管大罵「資產階級生活方式」。時間一分一秒過去，他行李還是打包不起來。我們這時候試著慢慢湊上去，沒遭喝止，就幫鄧先生重新捆綁一回，大家隨即

太平莊村在北京郊區昌平縣，當年有二、三十戶人家。我們的「牛棚」距這裡有一里路，「牛鬼蛇神」到村裡的小店買肥皂，需要請假，並需另一人同行，事後同行者有責向監管人員彙報。

這是北大昌平校區的後門。出了這扇大門，直往西北，經過一段佈滿亂石的河灘路，約半個小時，就到達我們被監押的「牛棚」。當年被關的北大經濟系教授厲以寧在〈破陣子〉詞中有這樣的詞句：「亂石灘前野草，雄關影裡荒灘」，指的就是這裡。

上路。

我們排成一行，前後有人押著，步行直出東校門，來到京包鐵路線清華園站，登上了北去的列車。在車上，我們面面相覷。此行何去？這真叫做前途莫卜！火車走了四十分鐘，停在南口車站，我們被喝令下車。出了站台往東一走，徐天新、吳代封作出判斷：「是去太平莊！」就像夜行軍中小聲傳遞口令一樣，沒走多遠，被押的人，除去耳背的向達、楊人楩和楊濟安，大概都知道要去哪兒了，這時候，心裡一塊石頭才算一半落地。

「太平莊」，在明十三陵的定陵南面，兩者相距五、六公里。這裡原是昌平縣綠化大隊開闢的一個林場，磚房幾十間，坡地八、九塊，分佈在幾個山頭上。附近有一個三、四十戶人家的小村落，名叫太平莊村，當年綠化大隊初到，這裡荒蕪一片，沒有地名，也就隨它叫了「太平莊」。

此前一年——一九六五年，歷史系按照上面的意思搞半工半讀試驗。昌平縣把這個林場連房帶地，劃歸了北大。歷史系一、二年級的學生走出燕園，來到這裡，興致勃勃，像是走出了象牙之塔。太平莊的開學典禮上，北京市委主管文教的書記鄧拓曾來講話，表示北京市委關心這個試驗的成敗云云。沒有幾天，他以「馬南邨」的筆名在《北京晚報》上連載的雜文〈燕山夜話〉，被指為「反黨反社會主義的黑話」，批判的文章越來越多，標題的字號越來越大。學生們坐不住了。「太平

現今的北京人民警察學院，當年是關押我們的地方。這裡原是荒山，連個地名都沒有，因距小村太平莊僅一里路，就隨村名叫了「太平莊」。

莊」是一家「黑店」的流言不逕而走。歷史系的青年教師范達仁、徐天新、吳代封擔任支部書記或班主任，他們深入宿舍多方解釋，還是按下葫蘆起了瓢。彭珮雲，時在北京市委大學科學部任職，到北大來「蹲點」，兼任北大黨委副書記，時常往來於太平莊與北京市委之間，在太平莊一住十天、八天也是常事。歷史系的半工半讀試驗是北京市委抓的點，誰都知道。等到一九六六年六月一日晚間，中央人民廣播電台「各地人民廣播電台聯播節目」播出了聶元梓的「第一張馬列主義大字報」，彭珮雲的大名赫然列在標題之上。學生們一聽，當夜就打起行李，要回學校。一時找不到交通工具，他們就坐了一宿，爭論了一宿。次日清晨，二百名學生如同提開閘門的洪水，直從太平莊頭湧瀉下來，脫離「黑店」，一口氣奔回學校。原來費盡唇舌做說服工作的幾位青年教師，此刻完全傻了眼；進了校門，還沒轉過神來，首當其衝被揪鬥的竟是他們自己。

言歸正傳，還說我們繼續東行的一干「黑幫」。走了將近一個小時，來到「北大二百號」——這是當時的名稱，現在叫做「北京大學昌平校區」。這裡的路面比燕園的寬闊許多，原在這裡上課的技術物理系、無線電系和力學系的師生，如今也都回學校鬧革命去了，因此校園顯得冷清得很，像是另外一個世界，同哄哄嚷嚷、人擠人的燕園恰成對照。我們被允許放下行李入廁。偶有幾個行人走過，只對我們投送詫異的一瞥，不來圍觀，也不來批鬥。兩個多月了，生人見到我們而不圍鬥，

這還是第一次。但此處不是我們的停留之地。稍事休息後，監管學生讓我們扛起行李，穿過校園，出後門，又走了四十分鐘才到太平莊。這是一段河灘地，上面佈滿大大小小的鵝卵石。我們手扶肩上的行李，眼睛看著腳下，每走一步都要踩住穩定的石塊，才能保持身體的平衡，不致摔倒。到了太平莊，我們住進學生的宿舍，由此開始了第一期六個月集中營式的生活。

去太平莊這個主意不知是誰出的。在此之前，我們雖說白天勞動、挨鬥，晚間回到宿舍或家裡，還可以略喘一口氣。等到圈進太平莊，那就是日夜全在管制之下了。這是北大最早的「牛棚」。後來，在民主樓西側，現今賽克勒考古藝術博物館所在之處，建起一個圈養全校「牛鬼蛇神」的大型「牛棚」，也就是季羨林先生的《牛棚雜憶》裡記述的那個「牛棚」。它是不是「校文革」從太平莊得到啟發而立，沒有材料說明，不得而知。但是，以北大當時的地位，「牛棚」一建，足為各地的榜樣。「牛棚」由此遍於國中，受冤受害者何止千萬！始作俑者，如今清夜捫心，不知作如何想。前幾年出版了《聶元梓回憶錄》。聶元梓在這本書裡直截了當地說，她負不了這個責任，因為她一個人控制不了北大的局面[20]。

那個時候，亂世英雄起於四方，上至整個國家，下到一個小小單位，無論何處，都不是哪一個人所能完全控制的，這確乎是事實。可照聶元梓的邏輯，「文革」這段歷史公案，說起「責任」二字，那就無從深論了，但你聶某人此一句話，

北京人民警察學院附近，如今有一片「中日友好林」。 1966-1968年我們被關押在這裡時，桃樹剛剛長成，還沒有掛果。

就能把北大的事全推全了麼?!幾十年過去了，若論責任，上上下下，那叫多人有份。你只認領你該領的一份就足夠了。可你該領的那份是什麼呢?!老聶，老聶！如今正是捫心自省的時刻，再不自省，那就是耽誤你自己了！

正是：

一波帶動萬波湧，

此罪此孽終須贖！

20見《聶元梓回憶錄》，時代國際出版有限公司，二〇〇五年。

閻文儒侍師如親

「文革」初始，歷史系的一、二年級學生從半工半讀基地返回本校，太平莊只留下兩人看守，一個是昌平縣綠化大隊派駐的果樹技術員老鮑，另一個是北大的炊事員崔師傅，人氣蕭條已有四個月的光景。廚房裡的糧米還存有很多，吃、住等一應生活用品和設施都是現成的。「系文革」中不知哪位，想起太平莊來，歷史系的一眾「牛鬼蛇神」隨即發配此地。這裡交通不便，封閉性強，基本生活物品齊備，天生地設，正好一個勞改營的所在！

為迎接我們，一個大房間早已下鎖開門，裡面剛好容下我們二十三個人。學生原來睡的是上下兩層床，我們年輕的，自動把行李放到上鋪，下鋪留給向達、楊人楩、商鴻逵、鄧廣銘、邵循正、周一良、閻文儒、宿白、楊濟安等年長的人。

次日，宣佈了作息制度和管理制度。早上六點起床，一刻鐘後，吹哨集合早點名，而後盥漱，「天天讀」一個小時，早飯；上、下午各勞動四個小時；晚飯後，學習《毛選》，寫交代材料。只有星期天的下午免除勞動，可以換洗衣服，相互理髮，或到附近村裡的小賣部買郵票、寄信。在這裡監管我們的學生，多的時候三、四個，少的時候只有一個；另有因神經衰弱、睡眠不好，遵醫囑在這裡療養的兩個學生。這樣一來，太平莊上就成了牛鬼蛇神「十萬戶」、革命群眾「兩三家」的局面。不用說，像北大校園裡那樣整天的追逐、圍鬥，就倖免了，可監管的學生又想出了新招兒。

我們一日三餐，餐前要在毛主席像前列隊，彎腰低頭，由被指定的一個人朗讀一段「語錄」，而後我們齊聲一喊：「向偉大領袖毛主席請罪！」接著，一個一個分別報出自己的姓名，但在姓名之前，要加上自己的「帽子」。這種先報門才能進食堂的規定，讓我們受辱難堪不說，一上午四個小時幹下來，正等兩個窩頭填肚子，可還沒有吃，就先來一通「請罪」，只有讓人噁心的份兒，眼前擺著窩頭也吃不下了。不過，腸胃自有它的適應能力，這種感覺，不消幾天，就漸漸變淡而至完全不覺。我們天天「請罪」如儀，頓頓窩頭照吃。

說到「帽子」，我只有一頂，是「現行反革命分子」，緣由後文再表。向達先生的「帽子」有兩頂：「反動學術權威」和「大右派」。周一良先生起初是兩頂，後來給加到了五頂。商鴻逵先生的「帽子」，除了「歷史反革命分子」和「反動學術權威」之外，還有一頂「黃色文人」。

「黃色文人」，聽來別緻，但實在刺耳。商先生得此「稱號」，只因一九三四年他在北大當研究生的時候，與導師劉半農一起，合寫過一部《賽金花本事》，而賽金花是一個名妓。賽金花晚年應劉半農之邀，做了一個長篇口述，涉及自己的身世、家庭，包括初嫁狀元洪鈞，作為大使夫人駐歐有年，嫻熟德語；在京城結交上層，風光一時；後來淪為風塵女子，掛牌京津兩地，特別是庚子之年，還與八國聯軍統帥瓦德西有過一段「賽瓦公案」。她的這篇口述，全由商鴻逵筆錄，整理完成。出版發行之後，一時轟動，雅賞俗更賞，炒過來，炒過去，還真有影星動了拍部電影的念頭。其實，《賽金花本事》有很強的史料價值，它比胡適提倡「口述歷史」要早出好多年，而且得到不少嚴肅史家的肯定。回過頭來，還說在太平莊，一日三餐，飯前「自報家門」的時節，我們個個報出的，都是政治性的「罪名」，當時的風氣如此，也就罷了；忽而弄出一頂「黃色文人」的「帽子」讓商鴻逵先生來戴，從「講政治」的角度看，在花樣眾多的「罪名」當中，它只算是一個「閒罪」，論罪量刑，沒有什麼份量；但把它扣到一位教授頭上，就成了一個重磅的侮辱。我們在旁聽了，都會有這種感覺，那商先生自己呢？一天三次，恐怕他心裡受辱的感覺，比我們更甚一層！

學習《毛選》，互講「認罪」心得，也算是一招兒，時不時的就來一次。一天上午，太陽出來暖洋洋，監管學生高海林一時興起，沒有派活兒，讓我們圍坐在屋前背風的地方，座談「認罪」心得。幾隻不知趣的小鳥，在周圍跳來跳去，沒給我們帶來一丁點兒調劑，反倒像是在對我們盡情地捉弄調侃。

每逢這種場合，不開口不行，開口也容易招來麻煩。開口只能說「我有罪」、「我要脫胎換骨」之類，無非自辱自羞，自戕自虐。這個時候，人人都求靠後，不願爭先。有一天，讀過毛澤東的〈湖南農民運動考察報告〉，接下來要座談「認罪」心得，這已經不是頭一回了。我們都知道，毛澤東這篇文章的主旨，是講上個世紀二十年代湖南農民的造反，是「好得很」而不是「糟得很」。身為「牛鬼蛇神」的我們，讀了這篇文章，必須從被打倒的湖南鄉紳聯繫到自己，說當年農民把鄉紳「打翻在地，再踏上一隻腳」，今天紅衛兵也把我們「揪出來」，兩兩都是歷史的大趨勢，一樣「好得很」，小將們是在挽救我們。我們這樣說，監管學生聽了才覺順耳。這個調子，已經定下多時，你前面剛說過，我後面跟著又說，完全不怕重複。向達先生那天開口，第一句話就是：「湖南農運正盛的時候，我在湖南，又在農村，剛好親身經歷過。」他的話引起了我的好奇，我很想聽他到底說點什麼。結果，他只說出當時所在的地方，以及農村的一些瑣事，完全沒有涉及農民運動，更貼不上「好得很」、「糟得很」這個主題，平板得就像他平時講課一樣。我不免失望，但高海林也沒挑出他什麼，就這樣過去了——進入「牛棚」兩個月了，向先生還沒有把自己的身份、言談調適到位，他還像平時出席小組會一樣，想到就說，即興發言。

另一次座談，向先生又是頭一個開口。他說：「我這次出來，跟老伴交代過了：我要有個三長兩短，你就搬到燕生那兒去。所以，我到了這裡，沒有什麼牽掛，能跟大家一塊兒安心學習。」向先生剛說到這裡，高海林已經跳了起來，喝令向先生站立、低頭、彎腰，大罵他「抵制監管，反攻倒算！」

向先生說的燕生，是他的長子向燕生。他囑咐老伴萬不得已之時，去找燕生，讓她老病驚嚇之身也能有個安頓，這應是兩位老人家臨別之時的肺腑傷慟之言。向先生何以要在這個場合重複這番話呢？當時的我三十出頭，年輕力壯，聽了也就過去了，並未深加理會，直到後續的事情發生，才把他當時的那一番話語，陡地回想起來，驚出一身冷汗。

炊事員崔師傅待我們不錯。只要我們下工的時候，能從山上捎帶回足夠的柴禾、樹枝，他就會隔個三、兩天燒一大鍋熱水，讓我們睡覺之前燙燙腳。可打洗腳水，要從我們住的河灘，爬上一個小山坡，才能到伙房。晚上黑燈瞎火，又頂著北風，熱水端回宿舍，就變成了溫水。我常常一懶，就免了，躺進被窩自己慢慢地溫被子。這個時候，我看到閻文儒先生，拿起向達的臉盆，給他打回熱水，放在面

向達先生浮雕像。北大圖書館南門的內牆上，嵌有歷屆館長的浮雕像，從李大釗開始，最後一個排到向達。1958年，他被劃為「右派分子」，館長職務隨之撤銷。如今每天出入圖書館的學生眾多，留意到他的，會有幾人？

前，然後再拿起自己的臉盆去打水。向先生洗完腳，閻文儒還是一聲不響，端起水盆，走出房間，把水潑到老遠的河灘。碰到監管學生進屋巡視，他便作罷。後來，閻先生不只打水、倒水，還給向先生脫鞋、脫襪子、穿鞋、穿襪子。向先生平時就是一臉的肅穆，很少表情，到這個時候，閻先生伺候他，他好像當得、受得，安之若素。我在一旁看了，有點詫異，鄧廣銘先生向我唠嘴示意。我從上鋪往下一看，只見向先生的雙腳腫起來了，腫得很厲害。第二天在山坡上幹活的時候，左右無人，鄧先生又悄悄告訴我：「這不好！『男怕穿靴，女怕戴冠』，他怕是穿靴了！」鄧先生說這話的時候，臉色比向先生的還嚴峻。「穿靴」、「戴冠」，是生活經驗的概括，我第一次從鄧先生口中學來。

又過了兩天，午飯前列隊「請罪」的時候，不見了向先生；回到宿舍，卻見他的行李和用具一絲沒動。聽人說，准許他回學校看病去了。

轉過年，一九六七年三月，包括我在內的五個人，最後一批被允許回到學校勞動，剩下夏應元、孫機兩個沒有摘「帽」的「右派」被扣在太平莊，不得離開，但也沒有學生看管他們了。我們五個人一商量，就把向先生的行李一起帶回，交到歷史系「文革辦公室」。不久，斷斷續續聽說，向先生被診斷為尿毒症，入院的時候已成不治之勢，醫生也無力挽回。他在一九六六年十一月二十四日，離開了這個吵嚷嚷的世界。還是聽說來的，先生的喪事草草——那個年月，「黑幫」死了，誰

閻文儒，北大歷史系副教授，故宮博物院研究員。被打入「牛棚」那年，他54歲。監管學生不在時，他為66歲的老師向達洗腳、倒水；伺候被打傷的學生楊紹明，餵一頓飯他也肯花費一小時。

敢哭出聲來！

話說回來，閻文儒何以侍奉向達先生如此，如同至親一般？這應當是一段師生的情義。

一九三九年，設在西南聯大之內的北大文科研究所，第一次單獨招生。史學組錄取了三名學生，閻文儒是其中的一個。向達是西南聯大的教授，也是文科研究所史學組三位導師中的一位。閻文儒就是向達指導的研究生。一九四二—一九四四年，向先生兩次參加中央研究院西北考察團，擔任歷史考古組組長。他賞識閻文儒的誠樸好學，推薦他加入考察團。閻文儒在考察團的一年半時間裡，先後參加了民勤、武威、張掖的古墓發掘。到了閻文儒為向先生端水洗腳的時刻，二十多年過去了，向先生六十六歲，閻文儒五十四歲，都是半百以上的老人了。筆者不才，我是關在「牛棚」裡，才學到「一日為師」這一課的。

我所知道的向達先生，平日說話行事，了無情趣，講起課來也是乾巴巴的。我畢業的第二年，在三十二路（現在的三三二路）公交車上遠遠看到他，趕緊多買了一張票。下車之前，我才擠到他跟前，舉起手裡的兩張票，不料他說：「我有月票！」臉上沒什麼表情。下車之後，我趕緊告別，自覺沒趣不說，心裡可惜的還有那一毛五分錢！我同向先生是隔了兩輩的人，總是從遠距離看他，他也總是那麼冷冷的。不想，是在「牛棚」裡，閻文儒先生的行動間接而實在地告訴我，向達先生

自有他的人格魅力，這一點讓我至今服膺不疑！

正是：

此來不圖回　求正覺心　生死等閒些許事，

脫鞋還穿襪　了報師恩　愧煞幾多高海林！

斷崖夜鬥楊人梗

在我們被押解到太平莊的第二天，住處門旁的磚牆上，貼了一副對聯，上聯是「橫掃一切牛鬼蛇神」，下聯是「坦白從寬抗拒從嚴」，橫批是「何去何從」。字寫得塗鴉不說，更不講對仗，大概上下都是八個字的緣故吧，就湊上一個橫批，把本來兩句鮮明、響亮的口號，弄成了一副不三不四的對子。這是為什麼呢？原來三院門上貼出那副「池深池淺」的對聯之後，滿校園中，一時口耳相傳，蔚為風氣，寫對聯成了表現革命熱情的時髦方式和手段。您看，校長陸平家門口的那副是：「奮起千鈞棒，澄清萬里埃」，這是從毛澤東的兩句律詩脫胎改寫而來的[21]，不僅工整，讀來也鏗鏘有聲。中文系一位青年教師，跟我同住十九樓，他的門上也有一副，倒是相當工整，可惜，我只記得兩個前半句：「說你臭，你真臭……」，「要多蠢，有多蠢……」；橫批是「一頭蠢驢」。不愧是中文系的學生，工則工矣，辱

21見毛澤東〈七律·和郭沫若同志〉（一九六一）有「金猴奮起千鈞棒，玉宇澄清萬里埃」之句。

罵自己的老師也罵出了水平！相比之下，倒是太平莊的這副，雖然有點不倫不類，但用今天的話說，它很「講政治」。

門聯之風勁吹，「廟小神靈大，池深王八多」一語，也就常見於大字報和批判發言之中。以聶元梓為主任的「北京大學文化革命委員會」有一個機關報，叫《新北大》。一九六七年十一月九日，該報發表題為〈砸爛舊北大，創建新北大〉的社論，其中說道：「舊北大是一個『池深王八多』的地方，也是『王八』思想十分頑固，帝資封修（即帝國主義、資本主義、封建主義、修正主義——引者）百貨俱全的黑店。」「王八」這個詞兒從三院的門聯開始，入詩、入文，成為一種「雅詠」，以至兩年以後的一九六八年，一位「軍宣隊」[22]的負責人，原某軍政治部宣傳處處長、派到北大擔任「領導小組副組長」的楊某，在全校教職工大會上講「鬥、批、改」的必要性時，把這副對聯，演繹得更為通俗和生動。楊處長這樣說：「進了北大，才知道王八多得絆腿！」聽他的口音，應當是冀中人氏。他說到最後一個「腿」字時，用他的鄉音，拖個長腔，念做tei-ei，給我的印象尤其深刻。「芳草萋萋礙行路」，「鬥、批、改」的大道上，到處都是我們「牛鬼蛇神」一輩，多得要絆人家的腿，這場「文化大革命」，說來真是任重而道遠！

我們到來之後，太平莊的「牛氣」大增。次日，聽得監管學生一聲哨響，我們列隊集合，由果樹技術員老鮑下達勞動任務：每人每天挖一個樹坑。生土刨出來，見風見曬，來春栽樹時回填。一個樹坑的規格是深、長、寬各一米，也就是說，一天要挖一個土方。可太平莊這個鬼地方，土少石頭多，碰上大石塊，就算白幹了，得換個地方重來。「燕山雪花大如席」，這是李白的誇張，可燕山的北風真是刺得人骨頭縫生疼。才進入十二月，地表已經見凍，一鎬下去，只見一個白點，刨不動了。一天下來，只能完成二十公分。進度日減，罵聲日高。這是後話，暫且不提。

十月裡的一天上午，我們正在座談「認罪」心得，從「二百號」方向走來一個人，模樣不像當地農民。這是一片開闊的河灘，來人從進入我們的視線，直到走近，總要一刻鐘左右。走近了，我看清楚是一位中年女性，人很清瘦，戴一副深度近視眼鏡。她要穿過我們座談的地方，逕直走向後面的一排房子。監管學生高海林正在這裡坐地為王，哪能容得她擅行擅入，當場把她一聲喝住，問她何幹。來人說，她是北京市委的幹部，此來是為取回彭珮雲存留在這裡的文件。高海林一聽要取文件，不僅不許，反而令她交出鑰匙。來人說，那是北京市委的文件，要交，只能交給北京市委，語氣也是軟中有硬。高海林聽了大怒，說：「你真是個死硬保皇派！到現在還給黑市委賣命！鑰匙不交出來，你休想離開太平莊！你叫什麼名

22全稱為「解放軍毛澤東思想宣傳隊」。「文革」期間，根據毛澤東的指示，從解放軍中抽調官兵，派到大、中、小學和黨政機關，充當領導。「軍宣隊」存在於一九六八—一九七八年。

字？」

我們「勞改隊」中，有原在太平莊參加半工半讀的徐天新、范達仁，他們認識來人。後來他們告訴我，此人姓黃名晞，是彭珮雲的屬下。這位黃晞不買高海林的賬，拒不交出鑰匙。沒想到的是，她與高海林僵持了足有一個小時之久。看那樣子，她真是太瘦弱了！如果換個男性，高海林怕是早就動手了。這時的我們，只是木木地站在那裡，高海林猛然悟到這有傷他的威嚴，於是不再讓我們奉陪，喝令我們上山幹活去。

我們走出好遠，還聽見高海林在跟「黑市委的死硬保皇分子」單打獨鬥。果然，午飯、晚飯的時候，都見黃晞在食堂的角落裡低頭吃飯。她被扣了下來，當天夜裡，讓她睡在工具房。工具房本不是住人的地方，四面透風，又沒行李又沒床，既不得站，更不得臥，十月深秋，我不知道這一宿她是怎麼度過來的。

跨過了上個世紀，到二〇〇三年，我又見到黃晞。那是在西南聯大六十五週年的紀念會上，聯大的老學長們化妝登台，演唱當年的校園歌曲，黃晞即在其中。她的頭髮花白了，背有點駝，行動也明顯遲緩下來。不過，當年太平莊頭的那個「死硬保皇」形象，在我的腦海裡，一點沒有消褪。

一九六六年國慶日後，又有二十多位歷史系教師來到太平莊。

秋季將過，地裡有一些該收穫的東西，如蓖麻之類的小作物。活兒不重，可耽

晚年的黃晞。「文革」前，她是北京市委大學科學部幹部。1966 年秋，她一個人來到太平莊，同具有「絕對權力」的監管學生對峙了一整天，拒不交出北京市委的文件。二十多年後，我參加西南聯大校友會的活動時，與她不期而遇。（李德文提供）

誤不得季節；耽誤幾天，成熟的果實散落在地裡，等人再到草叢裡去尋揀，那就費工費力了。這個活計有個名稱，叫「小秋收」，新到太平莊的人，就是來參加「小秋收」的。我們本想借國慶日喘一口氣，這個打算也落空了。

說起新來的人，他們身上多多少少也都有碴有砟，今天雖屬「人民」範疇，說不定明天就會跌進我們「牛棚」裡來。那個時節，凡有機會離開批鬥會場、離開發言表態的地方，他們都會爭先。出來參加「小秋收」，無非是賣點兒體力，但可以躲開是非。他們以「瑕疵」之身，又不能自外於革命，常常弄得舉手投足都找不到地方。「文革」過後，其中一位告訴我，他總把換洗的幾件衣物和必備藥品，裝在一個包包裡，準備隨時被揪，一年到頭，過的都是這種忐忑難安、魂夢常驚的日子。他跟我說：「還不如你們，索性進了『牛棚』，跌到底，反正就是那樣了！」在「文革」中，身處這種境況的人，哪個單位都有幾位。

「小秋收」的活兒本來不多，以勞動換取苟安的人們，只在太平莊幹了兩、三天，再沒什麼可幹的，就被打發回校了，可獨獨一個人被留下——楊人楩的妻子張蓉初。

張蓉初是歷史系的副教授，生在常州，長在蘇州，大家閨秀出身，說話細聲細氣，她講授的蘇聯史，只有坐在前排的學生才聽得見。張先生此番到太平莊來，固然也是躲避是非，但主要是放心不下夫君楊人楩。她給楊先生帶來了安眠藥，更想

找機會跟他見個面。可來參加「小秋收」的人，必須同我們「黑幫」分開勞動，因為我們和他們分屬兩類，不能「混淆兩類矛盾」——參加「小秋收」的，屬於「人民內部矛盾」；我們早來的「黑幫」，屬於「敵我矛盾」。這是「系文革」的特地安排，是一種政策水平的展示。可出發、收工的時候，大家總免不了在工具房前擦肩而過，於是高海林指定張先生在那裡把安眠藥交給楊先生。兩隊人馬交錯之際，藥從這隻手遞到那隻手，老夫妻彼此沒有一句話。此後兩天，每當走到工具房前，我發現張蓉初的眼角，既要從我們當中掃到楊人楩，又要極力避開我們。結果，夫君總算是看到了，不想自己又被扣留下來。同來的幾位女性全回去了，剩下她一個，雖沒讓她像黃晞那樣睡工具房，可獨自住在一間空蕩蕩的大屋子裡，夜裡山風一吼，她是什麼感受呢？誰知，還沒到夜裡，留下她來便見分教：讓她參加楊人楩的批鬥會。

楊人楩先生，湖南醴陵人氏。北伐之時，國民革命軍第二路軍從廣東出發，進入江西，矛頭直指東南五省聯軍總司令孫傳芳部。楊先生當時二十二、三歲，擔任第二路軍指揮部秘書，隨軍行動。此後，形勢逆轉，他改在中學教了幾年書，後來赴英國，進入牛津大學學習。抗戰初回國，投身抗日救亡運動，此後一直在大學裡教書，論職業，當然是一位教授。一九四九年一月，解放軍將北平團團圍住，蔣介石打算讓傅作義為他火中取栗。這時的傅作義，實力喪失大半，有意放棄武力。一月十六日，傅在中南海邀集北平各大學的教授、名流聚會，在會上說：「局勢如何，想聽各位意見。」其實，這時的傅作義，已成竹在胸。他邀集座談，意在放風，可這是他葫蘆裡的藥，非屬貼身的心腹幕僚，無從猜測。受邀的楊先生在會上向傅作義進言：「內戰已經給人民造成很大災難，仗，不能再打了。希望傅先生效法義大利建國三傑，流芳百世。如果傅先生順應民意，採取和平行動，我作為一個歷史學家，對此義舉，一定要大書特書，列入歷史篇章。」[23]

楊先生在國內研究世界史的學者中，著譯皆豐，是數一數二的人物。他講課，有聲有色，法國大革命一節尤其拿手。以此之故，「文革」到來，楊先生以「資產階級反動學術權威」的罪名被打入「牛棚」，這是在劫之數，無可脫逃。可當時執掌太平莊監改

楊人楩，北大歷史系教授，生於清末，父親是辛亥時期的「新軍」，參加過反清活動。「文革」中我們被圍鬥時，要逐一交代出身、罪名。楊先生一次自報出身為「軍人」，遭到台下的追問和辱罵，從此以後改報「舊官僚」。

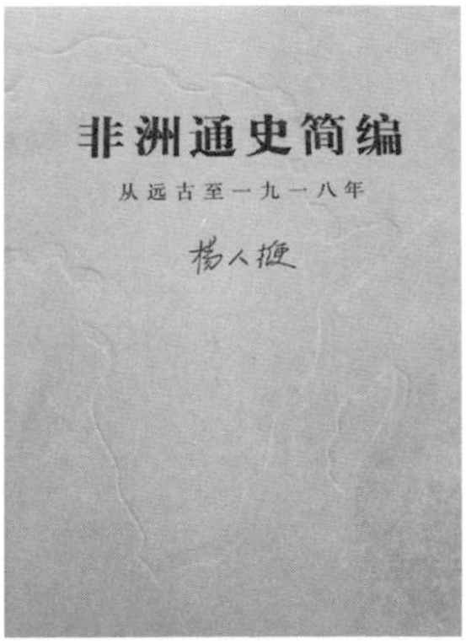

《非洲通史簡編》。楊人楩是非洲史研究的開山始祖，本來專攻法國史，後以法國史的功底，轉而去開墾新荒——法屬殖民地非洲國家的歷史，數年之後，招收研究生，寫出《非洲通史簡編》。老一代史學家功底深厚，不拘一隅，左右皆可逢源。

23 董世桂、張彥之著：《北平和談紀實》，第二四〇頁，文化藝術出版社，一九九一年。又見王宗仁、史慶冉著：《傅作義將軍與北平和談》，第一四五頁，華藝出版社，一九九一年。

大權的高海林，那天晚上要他交代的，偏偏是一個「歷史問題」。高海林沒有指明範圍，如黨派、軍警還是特務？我們只能聽，不能問。

那天，晚點名提前，批鬥會在我們宿舍開場。高海林一個人主鬥，我們一干「黑幫」也都在場。在這個場合，我們的身份該算什麼呢，是奉陪批鬥？還是奉陪挨鬥？批來鬥去兩個月多了，我們這些老「運動員」如今也遇到了新問題！我們成為尷尬的一群。張蓉初呢，這個時候的她，要同楊先生當面鑼對面鼓，她比我們更尷尬。

張蓉初與楊人楩結婚很晚，這是我們都知道的事。此時，她一看在場的這幫都是熟人，倒是反應很快，面對楊先生，以我們從來沒聽到過的高分貝，手指楊先生說：「原來這件事你也瞞了我！你今天要痛快交代，才能求得人民的諒解！」意思是說給楊先生聽，高海林沒從我口裡掏去什麼東西。楊先生完全會意，一口咬定絕無此事。鬥了一個多小時，沒有戰果，高海林一怒之下說：「走！到外面去！」他把楊氏夫婦加上我們一起帶出宿舍，上了

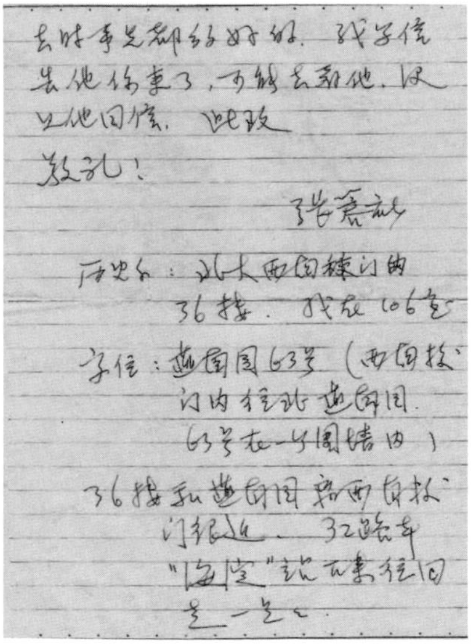
去时事先都约好好的。我写信
告他你来了，可能去看他。以[illegible]
他回信。此致
敬礼！
张蓉初

历史系：北大西南校门内
36楼。我在106室

家住：燕南园63号（西南校门
内往北燕南园。
63号在一片围墙内）

36楼和燕南园都离西南校
门很近。32路车
"海淀"站下来往回
走一走。

張蓉初手跡。和善的張先生，音容宛在眼前，可就是找不到一張她的照片。好在有這張影印件，睹字思人，或可減少一點遺憾！

山，來到一個斷崖的邊緣。

高海林讓楊先生站在崖邊，背朝外，臉向裡，我們圍成半個圈子。高說：「你交代了，我放你回去；你嘴硬，我把你推下去！」崖是土崖，雖不算深也有十幾米。楊先生的一把骨頭經得起他一推麼？楊先生素有哮喘的毛病，上得山來，一呼一吸，已見兩肩聳動，氣喘吁吁，說一句話斷斷續續；不想，此刻的楊先生還要以手指心，將心托月，始終「一口供」：絕對沒有這樣的事。楊先生對答高海林的那個神情，簡直像在課堂上給我們講雅各賓黨人的壯烈事蹟一般。

高海林自從監管我們以來，斷斷續續也有個把月了，喝罵動手是常事不說，他與別的監管者又有不同，做

太平莊的土崖。這是北京人民警察學院旁邊的一個土崖。這張照片是 2008 年補拍的，距離我們被關押的年代相去已經四十多年。這種斷崖如今依舊很多，但此處就是楊先生當年被夜鬥的地方嗎？我已無法確認了。

起事來，實在沒深沒淺，用北京話來說，他是個「二百五——半瘋兒」（半封）。想想，在這曠野荒郊，「牛鬼蛇神」如此眾多的地方，他一個人就敢開批鬥會，還讓眾「黑幫」作陪，這本身不就是一件常人做不出來的事嗎？來太平莊參加「小秋收」的人中，有位歷史系共青團的總支副書記，姓趙。說起來，這位趙副書記，剛剛畢業一年，師兄師弟，整天跟學生混在一起。不知什麼緣故，高海林看他不像「革命群眾」，第二天就喝令他打包起行李，搬到我們的「黑窩」裡來。「小秋收」的帶隊人是系裡一位教師，不贊成高海林這樣蠻幹，可拗不過他。那位副書記與我們為伍，當然覺得很是不堪，但也只能忍氣吞聲，將就著與我們一干「牛鬼蛇神」同吃、同住、同「請罪」。半個月後，還是「系文革」打電話來，高海林才算捏著鼻子，把他放了回去。

話說那晚的懸崖之上，攻之者說有，辯之者曰無，雙方僵住，收不了場。

高海林所說的「你嘴硬，我把推你下去！」——這句話在我們聽來是威嚇，可誰也保不準他真的把手一伸，那麼，這燕山腳下，說不定就會弄出一場骨折魂銷的慘劇，太平莊頭成為楊人楩先生的大歸之地，也都是難料之事。

有道是「狼眾食人，人眾食狼」。此刻偏是「牛鬼蛇神」十萬戶、革命小將只一家的地方。直等到高海林喊得口乾舌燥，我們當中一個人開了頭，大家七嘴八舌齊聲幫腔，說：「楊人楩！紅衛兵小將的話，是挽救你，你應當端正態度，老實做出交代！」這樣的話重複了多遍，爾後高呼：「坦白從寬！抗拒從嚴！」連呼三遍，山谷回應，很像是舞台上的尾聲，形成一個可以收場的局面。至此，高海林悻悻然，也只好借坡下驢，默認了事，放了楊先生和張蓉初。這個時候，鬥人的、挨鬥的，以及我們一夥，只有小心腳下，走回宿舍。山間小路，人影雜亂，我們之間的界限也是模糊不清。一路之上誰都沒有話，也說不出什麼話。高海林也有幾分尷尬。抬頭只見缺月銜山，忽然覺得清涼入骨。我們回到宿舍，已近午夜時分。

轉過年來，一九六七年，北大校園裡的學生、教師三五成群，紛紛成立「戰鬥隊」。所謂「戰鬥隊」，就是觀點相同、彼此說得來的人，或三五、或七八，組合在一起，共同參與「文革」活動，對校內、國內大事共同表態的一種組織單元。比起一九六六年夏天出現的「紅衛兵」，它顯得更為寬泛和普及，幾乎算是人人都可以有份。只是「牛鬼蛇神」沒有這個權利；而出身不好的學生或父母已被打倒的「黑幫子女」，理論上雖不能說他們沒有這個權利，實際卻也被邊緣化了。廢棄班組，一律改稱「戰鬥隊」，這是一種革命性的張揚和標榜——為毛主席親自發動和領導的無產階級文化大革命而戰，我是這個戰鬥序列中的一員。起初，他們是面向我們「牛鬼蛇神」人等戰鬥，到得後來，彼此對立加劇，不少「戰鬥隊」真的裝備起冷熱武器，你攻我守，大戰三百回合，就成了名符其實的「戰鬥隊」。這三個字，大家起初認同，共同使用，但這只是一個統稱。為了彼此區別，在統稱之前要另加一個「姓氏」；這個「姓氏」，又多半從《毛主席詩詞》裡面取來，不僅上口好聽，而且極富雅趣，姓和名連在一起，那就別成一種味道——「漫天雪戰鬥隊」、「不爭春戰鬥隊」，貼出大字報的時候，就這樣落款。其他的，還有「看今朝」、「慨而慷」、「縛蒼龍」、「橘子洲」、「從來急」、「同心幹」、「槍林逼」、「衝霄漢」、「炮聲隆」、「從頭越」、「虎踞龍盤」、「浪遏飛舟」、「長纓在手」、「中流擊水」等等。取名的時候，雖然各有寓意，但都不乏革命浪漫情趣。唯獨那個高海林，不知是旁人不與他搭伴，還是他不肯與人為伍，寡人孤家，一個人成立了一個「戰鬥隊」，名字叫作「炮兵營」，此前此後，也真的幹了不少隔山打橫炮的事。周一良先生是高海林動手打過的人。「文革」結束之後，有人在周先生面前提到高海林，周先生一聽這三個字，直口便說：

> 這個紅衛兵在運動當中對我的迫害和折磨，其態度之兇惡、手段之粗暴，我是至今難忘。尤其奇怪的是，到一九六八年下半年，炮兵營營長還帶著他的軍師——一名歷史系的教師，來到勞改大院（即季羨林先生在《牛棚雜憶》中所寫的那個「牛棚」——引者），一再強迫我承認〈乞活考〉的反革命意圖，說我是為國民黨出謀劃策，我當然堅決予以否認。請你告訴他，我至今不能諒解[24]。

周先生在這段話裡說的「乞活考」是怎麼一檔事呢？這裡，讓我多費一點口舌向您交代明白。周先生是個很博學的人，魏晉南北朝史是他做出成就的領域之一。〈乞活考〉是他一九四八年發表在《燕京學報》上的一篇論文，純屬考據之作，講的是西晉東晉之間，大量北方居民為避戰亂，南渡長江，一時形成流民潮。其中一支帶有武裝的山西流民，約兩萬多戶，走到黃河流域停了下來。他們自成一體，遙奉晉室正朔，抗拒胡族入侵，從公元三〇六年，一直活動到四一九年，長達一一三年之久，稱為「乞活軍」。關於「乞活軍」，史料中本來只有零星記載，語焉不詳。周一良先生依據零星史料，拼綴出「乞活軍」的大致面貌，填補了兩晉流民史的空白。周先生在文章中還對「乞活軍」作出一個評價，說他們是在「流民中團結最堅、活動地區最廣、歷史最久者」[25]。一篇考據之作，不是專攻魏晉

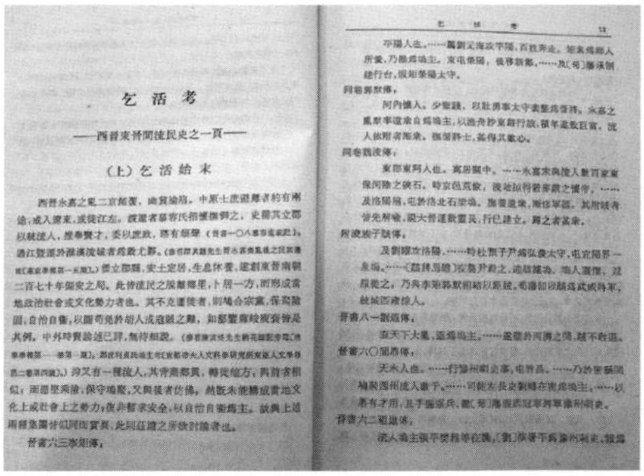
乞活考

——西晉東晉間流民史之一頁——

（上）乞活始末

〈乞活考〉這篇文章，講魏晉戰亂時期一支北方流民南遷，半路停頓下來，抗擊北胡。只因文章發表於 1948 年，乃國軍潰敗之際，「文革」初就有大字報說，該文意在暗示國軍擇地駐足，擁兵自保，以待來日。作者周一良為此備受折磨。

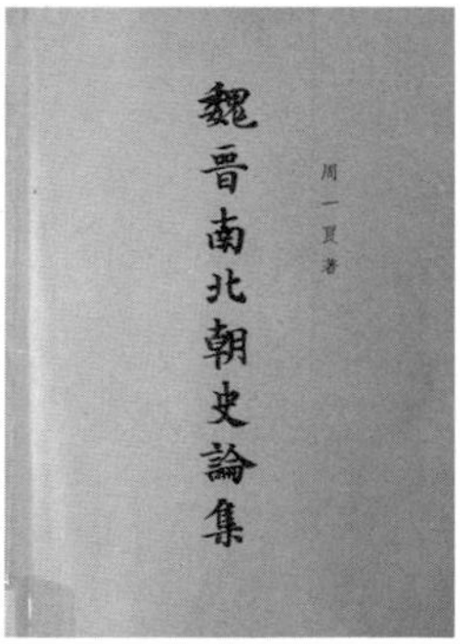

《魏晉南北朝史論集》，周一良的學術論文集。〈乞活考〉也收入這本文集之中。

24 周一良：《郊叟曝言》（周一良自選集），第九十二頁，新世界出版社，二〇〇一年。
25 周一良：《魏晉南北朝史論集》，第十四頁，中華書局，一九六三年。

南北朝史的人，很難注意得到。我的一位大學弟，本以現代史為專業，平日雅愛博覽，周先生的這篇文章，他不僅看了，還認真鑽研了。只因此文發表在一九四八年，正是國民黨軍潰散之際，南撤的腳步正停不下來的時候，「夕陽無語，最可惜一片江山」。此時此刻，周某人竟有這樣的文章發表，在我的大學弟看來，其中隱含著一種不可告人的「反革命意圖」：為國民黨「出謀劃策」——讓南撤的國民黨軍找個地方「自成集團」、「憑堅乘險，保衛塢聚」，等待峰迴路轉的那一天。不然，怎麼說得上是為國民黨出謀劃策呢！一九六六年八月之初，三院的虎皮牆上，貼出一份大字報，足有幾十張。那個時候還沒有「戰鬥隊」，大學弟直接署名「丁則勤」。大字報題目就是：「乞活考是一株大毒草——周一良為國民黨出謀劃策」。歷史系的教師中，受過考據訓練的原不在少，大家看了丁則勤的大字報，覺得真是微言大義，敢於苟同的實在不多——這就是〈乞活考〉的一段公案。

而周先生在說過前面針對高海林的那段激憤之言後，僅隔兩個月，又改變了想法。不知道是周先生嚴於律己，還是他反省自己的慣性發生了作用，這次他一百八十度大轉彎，說：「『文革』這場災難開始之後，幾乎人人受害，我信了『神』，上當受騙」，「年輕的孩子們也同樣信『神』，上當受騙。」[26]

接下來，周先生這樣說：

我與紅衛兵的情況只是上當受騙的程度不同，又有什麼理由堅持不肯諒解呢？因此，我在這裡向原新北大公社炮兵營戰鬥隊的高海林營長喊話：讓我們學習魯迅所說的「相逢一笑泯恩仇」吧！[27]

這是一位八十六歲老人的話，一位寬厚長者的話，多麼理性的話！無奈高海林同他的「軍師」兩人，一個在河南，一個在北大，誰都沒給周先生一點回應，直到老人家離開這個世界！

高海林真的心如頑石麼？聽說，後來的高海林在他執教的學校教書，很受學生歡迎，口碑不錯。我遇到高海林的一位學生，說起他的老師，也完全證實了我的耳聞。行文至此，忽聽一位同事、高海林當年的老師說，高海林因心臟病突發，遽爾作古了。這位同事還說，高海林曾向他表示過，對自己在「文革」中的所為有所悔恨，但當時是「真心相信他們都是『反革命』」。高海林說這話的時候，已是耳順之年了。我聽過這番轉述之後想，君子之過有如日月之蝕，他既然能向一位老師做出這樣的表示，為什麼不能向周一良先生，坦坦蕩蕩，做一個同樣的表示呢？道歉，說來容易，做起來哪能那麼簡單！這是「文革」之後遺留的一大問題，

---

26 周一良：《郊叟曝言》，第九十二頁，新世界出版社，二〇〇一年。
27 周一良：《郊叟曝言》，第九十三頁，新世界出版社，二〇〇一年。

是一種社會現象，絕不是高海林一個人的事！我們不妨用心考察一下，或許可以得出有益的啟示。

為什麼說道歉並不簡單呢？有了悔恨，想去道歉，這只是當事者要做的第一步，除此之外，還需要相應的條件作配合，才得完成。例如社會輿情、環境和氣氛，就是一段必不可少的台階，有了它，當事者才好邁出第一步，才能邁得自然、順利；而當事的另一方呢，也才能接受得順利、自然。雙方合拍，才能形成一個和諧局面。可這段台階該由誰來搭建？誰該充當這個歷史還債大劇的總提調呢？我以為，社會輿論機構，如報紙、電視、出版社、學校及其上級部門，責有攸歸。社會輿情機構負有引導、創建社會和諧氣氛的責任。四十多年了，這段台階，非但沒建起來，原有的幾階，漸漸還拆去了！這難道不是社會輿情領導機構失職的地方？高海林固然勇氣不足，沒把悔恨變為解脫，最後帶著他的遺憾走了。可當年，他伸出手、打了人，受有社會輿情的推動、蠱惑，乃是一個有目共睹的事實；後來，他心生悔恨，卻沒有得到社會輿情應有的扶助和支持，讓他抱恨而去。如今，我們該多想一想的是，這樣一部沉重的歷史老賬，高海林就是鼓起勇氣，不過一人翻過一頁罷了，這如何能夠成為對歷史的交代？我們常說，「文革」的磨難是我們民族交付的一筆學費，可該學到的東西呢？悄無聲息的就同這段歷史告別，那只是對歷史的一種抹除，算不上嚴肅的面對！

正是：

山月幾隨楊公墜，

頑石而今難點頭！

鬆綁

一九六七年四月至同年九月，聶元梓一時勢衰，對我們的「監管」也鬆弛下來，每天只有人前來吩咐我們幹些什麼，不再有人從旁監督；最後兩個月，連吩咐派活兒的人也不見了，「牛棚」無形解散。這六個月，鄧廣銘先生給它起了個名字，叫做「鬆綁」。

向達先生沒有白死。他身染重病，在太平莊得不到醫治，竟而過世，此事在歷史系的造反派內部，好像有一點震動。在此之後，「系文革」做事，發佈革命措施，多少有了點顧忌。算來是在向先生過世之後，「系文革」准許年紀大的「牛鬼蛇神」楊人楩、鄧廣銘、邵循正、商鴻逵等返回北大，在校內勞動改造。一九六六年底之前，先後走了兩批。

最後被留下來的，剩了七個人：范達仁、徐天新、吳代封、張勝宏、我，以及頭上仍戴著「右派分子」的夏應元和孫機。我們五人住在河灘上的一間屋子裡，夏、孫二人住在山上的另一處。分散居住，是有點兒讓我們看家護院的意思。直到一九六七年三月間，三個多月，監管我們的學生常常只是一個，偶爾才有兩個，也是常換常新。後來得知，這個時候的北大校園，先是空空蕩蕩，學生大都外出「串聯」；繼而忙於各處「奪權」，瘋搶政府部門的大印公章。最後，造反派內部顯露裂痕，各拉山頭。偏遠的太平莊呢，比將起來，它實在是太過冷清，沒人願意來坐這個冷板凳了。這種狀況之下，雖說我們名義上仍被監管勞動，其實只是勞動而已；監管，嚴也嚴不到哪兒去了。

那時的所謂「串聯」，就是學生可以免費乘坐火車、長途汽車以及公用船隻，隨意去任何地方，所到之處，當地政府要管吃、管住，並給予保護。上百萬的學生一下子流動起來，弄得各地不堪重負。既有北京的學生到來，「敢把皇帝拉下馬」的氣概隨之傳播，本地人緊跟著效顰造反，地方政府很快癱瘓——這是毛主席偉大戰略部署的又一部分，也是從天而降的一把火。所謂「奪權」，就是所有的「戰鬥隊」不但可以、而且應當去奪取黨政機關中「被資產階級分子篡奪的權力」，從「走資派」手中反奪權。說得具體一點，就是去搶黨政部門的那顆大印公章。教育部的大印，有幾所大學的「戰鬥隊」同時去搶，在教育部所在地——北京西城大木倉胡同三十七號，奪權者竟互相廝打起來，其結果可想而知，教育部當即癱瘓。「串聯」和「奪權」這類事，對青年學生來說本來就極富刺激性，如今有人在上面號召、鼓動，天上掉下大餡餅，誰不想搶先去嚐？都是二十幾歲的人，如果有機會去「串聯」、「奪權」，還有誰願意呆在太平莊，看守這寥寥幾個已經鬥得沒滋沒味的「牛鬼蛇神」呢！

壓力減下來，我們也漸不安分，很想知道外間的世事。這裡的報紙，只有炊事員老崔到南口或昌平採購的時候，途經「二百號」才能順便帶回來；帶回來了，給不給我們看，那還要看監管學生的興頭。范達仁有一個自己用零件組裝起來的二極管收音機，我們同住的五個人就靠它捕捉一點信息。《人民日報》、《紅旗》雜誌和《解放軍報》三大報刊的社論，以及大塊

青年學生得到鼓勵，直搗各級黨政機構——從「走資派」手中奪回被篡奪去的權力。「造反有理」的喊聲，一時響遍城鄉。

文章，是我們注意的重點，我們總想從這些文章的字縫裡聽出點音訊。二極管收音機沒有擴音器，誰戴上耳機誰才能聽到，另外四個人在旁邊乾著急。凡聽到重要的地方，收聽者就給大家重複；但口裡一重複，後面的話就聽不見了。最後，當我們一起揣摩文章大意的時候，十隻耳朵聽得總是不一樣，常有爭論。後來想出個辦法，把耳機放在一隻搪瓷飯碗裡，這就等於加了一個共鳴箱，幾個人再把耳朵湊上去，居然也能聽個八、九成。不過，聽來聽去，我們還是一會兒心生希望，一會兒又沮喪消沉。外面的世事，真難捉摸啊！

春天到了，我們偷眼觀察技術員老鮑，看他有沒有出門遠行。直到三月底，還沒看見他運進樹苗，也沒有任何備耕跡象。正在揣摩這後面是什麼打算的時候，我們五個人也接到通知，返回北大勞改。夏應元和孫機依舊留在太平莊，和他們兩人共處的，只有果樹技術員老鮑和炊事員崔師傅，那就完全是看家護院了。

歷史系的「牛鬼蛇神」重又聚會在校園裡的三院。在三院，讓我們幹的活計也有了改變。廁所、樓道還要照樣打掃，但用不了多長時間，一會兒就幹完了。費工夫的有兩件事，一是「系文革」交下來一些稿子，讓我們用毛筆抄成大字報。稿子的字

范達仁曾任北大歷史系共青團總支書記，「文革」伊始，他在學生面前明白表示反對聶元梓的大字報。大字報得到《人民日報》的稱讚後，他立即成為「黑幫爪牙」。隨著大字報一天天升值，他在「牛棚」的日子一天難似一天。（范達仁提供）

數有多有少，送稿的頻率也是時密時疏。不管怎麼樣，只要送到我們手裡，準能按時完成。或粉、或藍、或黃的粉連紙，很薄的，常常兩個上午，就能用去一刀。幾位老先生，像商鴻逵、周一良、鄧廣銘、閻文儒，都有一手好字，都能輕鬆交活。這些大字報，如若內容不論，但從字體來看，總是比看「小將」的大字報讓人舒服得多。另一件活計是用鐵筆、蠟紙刻印小報。「系文革」拿來幾份紅衛兵出版的油印小報，上面用紅筆劃出的文章，由我們重新安排版面，刻製鋼板。「系文革」給個印數，一份新的油印小報，很快就能完成。

專攻魏晉隋唐考古和石窟寺考古的宿白先生，摘掉眼鏡，伏在桌上，用鐵筆在鋼板上刻寫，一個上午準能刻出一個整版，而且橫平豎直，字體方正勻稱，近乎印刷體；張注洪刻的字體稍長，有一種娟秀之氣；周一良先生刻的則是柳公權的楷書，在鋼板上也能透出柳體的遒健骨力。其他人，如楊人楩、商鴻逵、鄧廣銘、邵循正等，或是眼力不濟，或是不工刻寫，手腳也算不上麻利，那就只能打個下手，

度過「文革」災難之後的宿白。「文革」前為北大歷史系考古教研室副教授，後出任北大考古學系首任系主任，長於石窟研究，字體也酷近魏碑，一筆一畫，結構謹嚴，以這樣的手筆，拿來刻寫鋼板，方方正正，每個字都是一樣大小，簡直與印刷體一般無二！

邵循正，曾任清華大學史學系主任，「文革」前是北大歷史系教授，通曉英語、法語、古波斯語、古蒙文、滿文等多種語言文字，研究成果卓著。邵先生體力本來不濟，在「牛棚」裡哮喘病時時發作，一面往喉嚨裡噴藥，一面勞動。（邵瑜提供）

幹點數紙、疊紙、裝訂等零散事了。我們年紀輕一點的，要幹力氣活兒：推滾子、扛紙。校對的差事，則要首推楊濟安，他能把錯字、漏字全都挑出來，保準兒一個不差。他跟隨翦伯贊多年，翦伯贊的文稿多一半由他謄寫、校對，這是他的拿手活兒。發現了錯字、漏字，怎麼改呢？要用香煙頭靠近蠟紙，把蠟油融化，待蠟油冷凝之後，重新再刻。這裡面的功夫是，如何拿捏好煙頭和蠟紙之間的距離。說起來，這可是個講究：既要融化錯的，不留殘痕，又不能融了不該改的。在這方面，要數宿白先生的手藝最好。他本來煙齡有年，此刻，一手拿煙，一手拿筆，在「牛棚」之中另成一種瀟灑姿態。聽說，這類「文革」小報，中外圖書館多有收集，並劃入特藏，視為珍本。如今若有人有這方面的愛好，說不定手裡還會有我們的印刷製品。如果有的話，那可是經過多少位史學名家之手、一道道手工製作出來的！請千萬留神，若果真是這類藏品，那在拍賣場上，一定會辟出一層意想不到的收藏價值，讓您小發一回也說不定。

我們奉命印製小報，轉載的來源，有兩種最為顯眼，一種叫《北斗星》，另一種叫《火車頭》。凡是「中央文革小組」或中央高層的會議，上午開的會，下午就能見報；夜裡開的會，次日上午就能見報；而且誰問什麼，誰答什麼，語氣都在，宛如在場者的特寫一般。如果不是讓我們轉抄，我們是絕對看不到這種東西的。宿白先生常常是一邊謄抄，一邊給我們念；我們一邊幹著手裡的活兒，一邊伸著耳朵聽，有時候也免不了點頭、咂舌，佩服報導之快、報導之細、報導之生動！雖說都是「小道」來的消息，卻不由你不聽、不信！不過，耳聽這類消息，心裡還是不住地盤算自己：在中央高層，打倒的都連成一片了，我們挨點兒鬥、挨點兒批，固然算不了什麼，阿Q一番，寬慰自己；可又一想，整個世界都脫離了原有的軌道，統統打翻在地了，我們的明天，又在哪裡呢？

一九六六年的聶元梓和她的「校文革」，是剛剛誕生的「紅色政權」，那時候正可謂氣貫長虹；聶元梓出行，也頗

北斗星

毛主席語录

中央首长批判首都516红卫兵团

前进吧，新北大！前进吧，井冈山兵团战士！

文革時期的小報《北斗星》。「文革」期間，這份紅衛兵小報常常報導上層的消息和活動，速度快得驚人，也有細節的描繪。1967 年，我們一度奉命刻印北大歷史系的小報，常被指定轉抄這裡的報導。

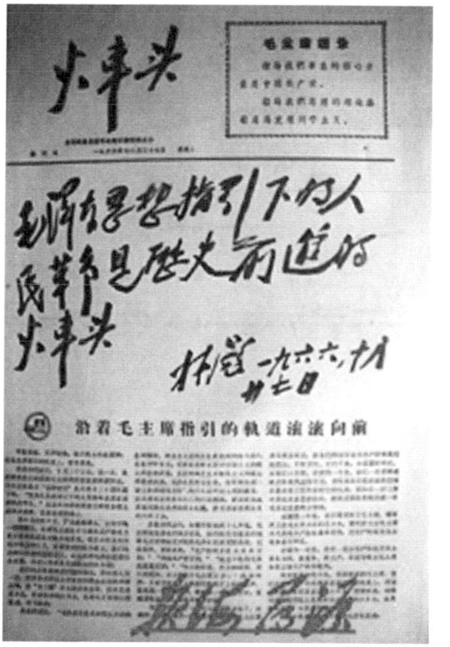
火车头

沿着毛主席指引的轨道滚滚向前

文革時期的小報《火車頭》。在眾多紅衛兵小報中，這也是惹眼的一份。「中央文革小組」的會議夜裡開了，報導一早就能在這張小報上刊出，而且有問有答，極為生動，應是在場者的手筆。

有「巡撫出朝，地動山搖」的氣概。各地的紅衛兵組織，都把他們視同「中央文革」的代言人，要從他們的點滴言行之中，窺察「無產階級司令部的偉大戰略部署」。但到了一九六七年春天，聶元梓對北大局面的控制以及對各地的影響已見削弱，甚至顯露出捉襟見肘之勢。我們之所以能夠從太平莊撤回，乃同這種形勢有關。我們回到學校之後，校內批評、反對聶元梓的聲浪一日高似一日；到了夏天，這種聲浪竟然演變成若干個反對派組織。這些紅衛兵組織雖然機構分立，但與聶元梓、「校文革」儼然成對立之勢，則十分明顯。漸漸地，全校的師生員工，除了「牛鬼蛇神」以外，無不分屬兩大營壘；到了一九六八年，這兩大派又進而演變成武力相向、漢賊不能兩立的局面——這是後話。在我們刻印小報的時候，即一九六七年的春夏之交，「系文革」只是派人來送稿、取報，緊繃的臉色也見幾分鬆弛。另外，不再有人逡巡左右了。種種跡象讓我們感知，形勢在變。過了十個月屈辱生活的我們，此刻已是怨從心頭起，怒向膽邊生，反抗一下的勇氣也有了幾分增長。

高望之，在我們「牛鬼蛇神」中間，本是行事最為小心的一個，沒想到，這個時候，居然是他來串聯我們。他說聶元梓執行的是「打擊一大片的反動路線」，我們也該寫張大字報揭露她。他擬了一個稿子：〈看聶孫之流是怎樣殘酷打擊歷史系一大片幹部和教員的！〉，副題是〈記歷史系「勞改隊」在太平莊的前前後後〉，

高望之起草的大字報稿之一。1967年春，聶元梓的「紅色政權」一度勢衰，監管學生自動散去，我們心裡有怨有憤，剛要發洩，聶元梓居然鹹魚翻身，這份大字報貼不出去了。今日一看，它不僅保留了更多的歷史真實，而且連當時的語言、氣氛都傳遞出來。

看聂孙之流是怎样残酷打击历史系一大批干部和教员的！

——记历史系"劳改队"在太平庄的前前后后

井冈山06战士《冲霄汉》

最高指示

"在我们的面前有两类社会矛盾，这就是敌我之间的矛盾和人民内部的矛盾。这是性质完全不同的两类矛盾。"

"如果把同志当作敌人来对待，就是使自己站在敌人的立场上去了。"

去年九、十月间，正当全国无产阶级的革命造反派轰轰烈烈地大造刘邓资产阶级反动路线的反，北大的保守势力（[illegible]）也[illegible]了资产阶级反动路线的产物——"劳改队"的时候，在北大，以聂元梓为首的校文革中某些执行人，违背毛主席指示，变本加厉地继续推行在干部问题上"打击一大片，保护一小撮"的资产阶级反动路线，[illegible]历史系"劳改队"在太平庄被隔离监督劳改，就是聂孙之流顽固地执行这一条资产阶级反动路线的活生生的、令人触目惊心的例证。

一、"劳改队"押到太平庄

太平庄是南口以北的一个村庄。刘少奇反革命集团在64年为了破坏文化大革命，借口搞"四清"试点，[illegible]把历史系师生骗往太平庄，进行严密的控制。66年6月1日，毛主席亲自点燃了文化大革命的熊熊烈火，历史系师生冲破封锁，杀回燕园，积极地投入了文化大革命的战斗。[illegible]押到太平庄，也就断绝了他们和[illegible]的联系。[illegible]自己坐不能回校参加运动，[illegible]。"劳改队"的队员回校以后，长期[illegible]不允许参加运动，仍然被迫在校内参加劳动。《红旗》[illegible]"劳改队"中许多干部本着自我革命的精神，贴出了大字报，但仍受到聂孙之流的压制和打击。今年三月，[illegible]反对[illegible]资产阶级反动路线之后，"劳改队"中的不少同志积极参加了革命造反活动，却受到了进一步的压迫和迫害；"劳改队"中的一些干部同一些同志，在太平庄时受到过监督小组[illegible]，"红卫兵"的[illegible]人×××认为是[illegible]，此时却被"红卫兵"打成"逍遥派"和"资产阶级反革命复辟的急先锋"。"红卫兵"小报上对历史系"劳改队"中参加革命造反活动的一些同志也扣上了"反革命"、"右派"的帽子，但是在今天的新北大，在毛泽东思想的光辉照耀下，聂孙之流[illegible]为所欲为地推行资产阶级反动路线的日子已经一去不复返了。他们残酷地打击一大批干部和教员的[illegible]罪行，受到了全体[illegible]革命造反派[illegible]的揭发和批判，[illegible]。

鬆綁 107

第一個拿來要我修改、簽名。我平日不如他謹慎小心，可我因頭上的「罪名」另有來歷，不敢妄動，因此遲遲未簽。不想，三天兩天過去，北大的天，又翻了一個過兒——翻回來了，依舊是聶家的天下！大字報稿因此遂成昨日黃花，貼也貼不出去了——這又是後話。近日翻檢舊物，無意中翻出這份草稿，老高那筆娟秀的字體，我是多麼熟悉呵！平素溫文爾雅的老高，他那衝冠一怒，又是多麼難得！不過，老高，老高！虧得我小心，虧得我遲疑，才免了你日後再得一個「老保翻天」的苦果！歷史系的羅榮渠、周一良、呂遵諤、謝有實，不都是因為當時批了聶元梓，事後飽吃了一頓苦頭嗎？我也一樣，我如果簽名，大字報貼出，日後結果，雙料的「罪名」，不難設想。

老高一生都在懷才不遇中度過，如今算來，他已往生四年了，過世後，他的弟弟搜檢舊稿，為他出了一本文集。可惜的是，我當時沒有想到手裡還有他的親筆，如果放在文集裡，也可算是一個特別的紀念。

一九六七年五月二十五日，是「第一張馬列主義大字報」出籠一週年的日子，屆時必有紀念大會舉行，這是我們意料之中的事。但如何紀念呢？當時有一句流行的話，也取自《毛主席詩詞》，叫做「戰地黃花分外香」，意思是批鬥「黑幫分子」陸平、彭珮雲等人時，要再拉上一些人陪鬥，這才是最好的紀念方式。我們何以能有這樣的預見、具體到如此細微呢？那是因為這樣的紀念會已經開過兩次——

三月二十五日和四月二十五日，「紀念第一張馬列主義大字報誕生十週月」和「十一週月」，月月如此，模式已定，這是明擺著的事。五月二十五日就到，這是整整一週年，能消停麼？我和范達仁一商量，都認為「週年」的時候必有更大的折騰，得想個辦法躲避才是。

果然天賜良機，五月二十五日那天早晨，我和范達仁被指派到北大校辦印刷廠去取紙。印刷廠遠在東校門之外，乘此機會，我們大大方方出了東門，而後踅到中關村的一個小飯館裡，各要了一杯啤酒，手拿酒杯，慢品慢呷，同時還要眼觀六路，耳聽八方。坐在這裡，是為了拖延時間。不久，從僅隔一道牆的高音喇叭裡傳來

自右至左：周一良、田餘慶、郝斌。田餘慶和周一良一樣，專攻魏晉南北朝史，研究同具深度。二人同行同系，相互敬重。田先生推崇周先生的《魏晉南北朝史論集》和晚年的《魏晉南北朝史劄記》，認為這兩部書深得陳寅恪的真傳。

「打倒陸平」、「打倒彭珮雲」的口號聲。我們知道批鬥會已經開場。好在一大早小飯館裡沒什麼人，沒人認得我們。躲過這一鬥，心裡不免泛起一絲阿Q式的快悅。中午時分，我們才扛著紙，回到「系文革」交差。監管人員說：「到哪兒去了？找了你們半個小時！」我們低頭唯唯，只把心裡反抗得勝的快意隱藏起來。當范達仁聽說，批鬥大會上，那塊「黑幫分子范達仁」的牌子，臨時由彭珮雲代他舉了，走出三院時，他竟笑出聲來。

正是：

聶元梓的大字報　月月要作壽，

油印坊裡眾鴻儒　個個有奇能。

再押太平莊

到了一九六七年的七月，不僅沒人來「監管」我們，也沒有人來派活兒了，歷史系的「黑幫」隊伍，算是「聾子放炮——散了」。八月份，我竟然也敢混跡於革命群眾之中，跑到北大鏡春園的紅湖游泳池裡去學游泳。在游泳池，還有人主動招呼我，甚至糾正我的動作。他們或許知道我是何許人，但沒把我當成「不可接觸者」。我記得，一位是俄語系教師李渚清，另一位則不知他在哪個單位工作。然而風雲變幻，到了九月，校園裡的氣氛又顯緊張，我在這個時候，還躲到頤和園南牆外的運河裡游了幾天。十月，聶元梓捲土重來，歷史系的「黑幫」，除原來被喚作「黑幫爪牙」的徐天新、吳代封、范達仁以及「罪行」不大的田餘慶、宿白、李開物等幾人被開恩倖免以外，其他人等一律被重新趕回「牛棚」，開始了第二期二十個月的非人生活。

吳代封、徐天新，是年輕的助教，在日後兩派愈加分明的日子，他們漸漸與眾人打成一片，不再被另眼看待；而田餘慶、宿白以及原本「逍遙」在外的張芝聯等幾位先生，他們的年紀又長一輩，雖然不入「牛棚」，但在當時全以「戰鬥隊」作為活動單元的日子裡，卻被邊緣化了。進入不了主流，也不能整天無所事事；游離於轟轟烈烈的大革命之外，那會是個問題。於是，他們幾個人也組成一個「戰鬥隊」，無非是學學《毛選》、交換交換信息，讓別人看著，多少像個樣子，自己也有點事幹，如此而已。這個「戰鬥隊」的名稱，也像學生的一樣，從毛澤東的詩詞裡取來，叫做「躍上蔥蘢」。後來田餘慶先生告訴我，這個名字是他倡議的，其中隱含參加這個「戰鬥隊」的諸位成員，自知思想改造的路程艱而且遠，要經過幾百旋的曲折[28]才可見到功效。

我們再入太平莊，境況大變，監管之嚴酷，絕不是前一次所能比及。一是勞動量大增，天天都是重活兒、累活兒；二是監管學生人數大增，同我們形成「人盯人」局面；三是指定背誦的「語錄」，由一、兩小段拉長到一頁，甚至一頁半。以前一週有半天休整，這回改為兩週一次；到鄰村太平莊小賣部買零用物品、寄信，則完全禁絕。

再拿請假看病來說吧。以前看病，雖然請假的時候，要立正、低頭，接受盤問，可一到「二百號」的醫務所，那就完全兩個樣子了。這是一間軍隊的醫務所，軍隊那時借用了「二百號」整個校園，因此，它的醫務所也順帶給北大的留守員工看病。他們見了不穿軍裝的人，魚水一片，更顯出格外的熱情。那裡的醫生、護士，論醫術，說不上多麼高明，可態度卻非常之好。一句話，他們拿我們當病人，嘘寒問暖；我們呢，也不露出自己的「牛鬼蛇神」身份；只樂得接受更多的詢問。這個時候，我們常把身上的病痛放在其次，甚至忘掉，只管享受醫生、護士給予的那份人情溫暖，感受著自己是個「人」！不誇張地說，他們的一言一詞，一舉一動，都能調理我們受傷滴血的心！我們只怕診治結束得太快，打斷多時沒得到過的這份「人」的待遇！二入太平莊之後，一個明顯的改變就是看病。向監管學生請假，詰問刁難之後，不准的時候居多，准假的時候為少。准了假呢？准了假，還要憑一紙介紹信前去就診，否則醫務所不再接待。介紹信上這樣寫道：

今有黑幫分子 ××× 前去看病，×時×分離開太平莊，診治完畢，請寫明離開診所的時間。

此致

敬禮！

北大太平莊黑幫監改小組

×月×日

28毛澤東〈七律・登廬山〉（一九五九）有「一山飛峙大江邊，躍上蔥蘢四百旋」之句。

進了診所，醫生、護士熱情依舊，可介紹信一遞過去，他們的臉色立刻大變。人家哪兒見過這種陣仗呢？那時軍隊裡也有「牛鬼蛇神」，但大多出在高層機關。小小診所，足讓這封信嚇一大跳。人家再沒有詢問，更沒有笑臉，草草一診，給幾片鎮痛藥，簽上離所時間，就打發我們走人。我們呢？接過介紹信，扭頭就得往回趕——醫生簽下離所時間，這張紙就成了趕命符。趕到太平莊，先去銷假報到；監改學生如果此刻在山上，我們就得跑步上山。誰知道交回介紹信的時候，又有什麼樣的厄運在等著呢？這樣的看病，何如不看？

北大昌平校區衛生室。北大昌平校區「文革」中借給部隊使用，他們的衛生室，兼給北大的留守人員看病。我們「牛鬼蛇神」去就醫，要出具介紹信，上面寫著「今有黑幫分子 ××× 前去看病……」醫護人員一見，匆匆打發我們了事。

榮天琳，生於一九一八年，「文革」前任北大歷史系中國近現代史教研室副主任，是我的老師。在太平莊的一天，他忽然肚子痛，忍著不吭聲；等忍不住的時候，病情已經嚴重，連站都站不起來了。到醫務所去，少說也有半個小時的路程，監管學生准許用一輛運送土石的二輪手推車送他。這種車，車身由一個一米見方的鐵筐製成，人坐上去，只能屈腿盤坐，不能平躺。再說，河灘路上全是鵝卵石，慢慢地走也很顛簸，他怎麼受得了呢？二輪手推車行不通，大家乾著急。榮天琳強忍痛苦，不喊不叫，臉色慘白；待到忍不住時，他突然喊出一聲，煞是嚇人。情急之下，我想了個辦法，得到監管學生的批准，摘下一扇門板，鋪上被褥，四個人扛起來，把他送到醫務所。醫生一看說，快轉院！沒有停留，由醫務所直接送回學校去了。後來聽說是急性胰腺炎發作，動了手術，總算診治尚不失時，他沒有走上向達之路！我當時怎麼能想出摘門板當擔架的辦法呢？幼年時，鄰居死了人，棺材沒買來，入殮之前要停屍，就是用的門板。不過，門板停在地上和扛在肩上是兩股勁兒。門板的四個角，沒有扶手，扛在肩上，很容易滑落，只有讓門板壓住半個頭，才算比較牢靠。這種扛法，可就苦了抬門板的人。我記得輪流抬門板送榮天琳的六個人是：夏應元、謝有實、高望之、呂遵諤、孫機和我。

榮天琳是怎麼進的「牛棚」呢？說來另成一段故事，可這故事的時代色彩太過濃烈，讓現在五十歲以下的人聽了，都會覺得離奇難懂。論出身，他出自一個窮苦人家，父親是遼寧省本溪市的鋼鐵工人。中國的產業工人絕少，在他這一輩教師裡，來自產業工人家庭的，在歷史系的七、八十名教師中，只有他一個。在講究家庭成份的年代，工人階級本屬新中國的領導階級，憑這個出身，他也確實受到過眷顧，讓他在同事中享得一份無聲的優越，不必因出身於「剝削階級」而把「思想改造」天天掛在嘴上。論經歷，他身上沒有任何瑕疵可以挑剔，本人歷史也有幾分榮耀可言。他在「滿洲國」治下讀完小學、中學，一九四〇年，二十二歲，入關來到北平，考入輔仁大學歷史系。太平洋戰爭爆發之後，輔仁因屬法國教會所辦，而法、日兩國並未宣戰，以此關係，在日本人統治下的北平，輔仁仍能維持治外的一隅，榮天琳也就在輔仁讀到本科畢業。這就到了日本投降的前一年，即一九四四年了。學校看他各方面不錯，留他在歷史系做助教，這是一個相當好的差事。他勤奮上進，在當助教期間兼讀研究生。讀到一九四八年，即將完成研究生學業之際，社會變革的大潮洶湧澎湃，讓他不能埋首書桌。如火如荼的「反饑餓、反內戰」運動吸引了他。從參加學運開始，他又加入了地下的共產黨。同年，他被開除學籍。好在沒有幾個月，北平即告解放，他到一所中學當了歷史教師，一九五二年，院系調整之後進入北大歷史系，在中國近現代史教研室擔任講師。

邵循正先生是這個教研室的主任，榮天琳擔任副主任，專研一九一九年以後的中國現代史。我於一九五三年考入歷史系，學制剛好改為五年，我們這一班的中國

榮天琳，1956 年任北大歷史系講師，提出兩項建議：組織人力纂修中華民國史；給陳獨秀一個客觀評價。這兩件事，他說早了五十年，招來半生的麻煩。當年他算得一位有識之士、先行之士，可後半生卻只能遇事少開口，開口慎三分。（榮欣提供）

通史課，要學整整兩個學年，到二年級的下學期，才學到現代史部分，主講人就是榮天琳先生。他是我的授課老師，也是我畢業論文的指導教師，我屬於他在北大的第一班學生。

一九五七年的春天，許多知識分子向黨紛紛進言之時，榮天琳懷著一顆同樣真誠的心，把自己的一得之見，寫文章發表在《光明日報》上，題目是〈克服教條主義 增強中國現代史的研究〉。文章講了兩點。一是說，兩千年來的中國，每有新的政權建立，都會為前朝修史，成為傳統，因而有「二十四史」的產生，這樣，中國學者治起史來，要比外國方便得多；而中華民國作為一個歷史時代，已告結束，當今政府宜即組織人力纂修民國史，以使真史保存，傳統不斷。文章的第二點，講到陳獨秀。榮天琳那個時候從自己的專業角度已經感覺到，對陳獨秀的評價，說他如何如何，有欠客觀和公允。而陳獨秀是中國現代史上的重要人物，改動已有的評價，那不是幾個學者說了就能算數的事，因而他呼籲有關方面給予重視，給陳獨秀一個應得的地位，回歸歷史的真實。這篇文章發表在《光明日報》上一個叫做〈史學〉的學術欄目裡，本來沒有多少人注意到；不想幾個月之後，風雲突變，以前的「助黨整風」之言，瞬間都變成了「向黨進攻的炮彈」，言者有罪，聞者算賬。榮天琳的這篇文章沒有逃出厄運，也被翻檢出來，在歷史系一個小規模的會上受到批判。在當時那個政治氣候之下，一上了會，眾口爍金，任誰主持其事，恐怕也難於

把握和收拾。「為民國修史」的建議，一來二去，成了「封建史觀」，與共產黨員應有的馬克思主義史觀，風馬牛不相及；至於給陳獨秀應有的歷史評價，則有以陳獨秀壓李大釗之嫌——話說到這個份兒上，就顯出點份量了。最後，兩錯並罰，給了榮天琳一個「撤銷黨內職務」的處分，彼時他擔任的歷史系黨總支副書記，就此撤了下來。這個職位，與現今黨的機構頗有不同。那時的黨總支，一不管財，二不管人，三不管教學，只是做點思想工作罷了。說起來，在這個職位上，原本沒有什麼權力；可一撤下來，是個處分，那就不同了。此後的榮天琳，就像是換了一個人。

榮天琳的批判會暫且按下不表。且說「以陳壓李」這個話，如果讓長眠地下的兩位老人家聽了，恐怕會驚擾他們的安寧。他們二人本是朋友，是相知，是同志；世人把他們視為一體，當時曾以「南陳北李」相呼。不到四十年，硬要把他們分開，創建共產黨的人物中，似乎有了陳獨秀就不夠光彩，只有一個李大釗，才顯得正確和榮耀。這話別人說說，也就罷了；居然出自歷史系，這裡面自有深層的原因。陳獨秀於今沒有得到應有的評價，可謂由來已久。可喜的是，有賴於一批為陳獨秀爭取客觀評價的史學工作者的執著努力，目前已有研究機構成立，也有專門刊物出版，他們的呼號已見成效。榮天琳四十年前的努力，正可謂後繼有人；他若地下有知，必定感到欣慰。

榮天琳的文章當初投到《光明日報》，編輯曾經提出若干刪節的意見，榮天琳接受了，而後才發表。但在批判的時候，卻連刪去的部分也一併拿出來算在賬內。誅伐務求徹底，這是當時通用的做法，是很不講道理的。不過最後的結局還算好，在批判發言的總結中，有一句話：「榮天琳滑到了右派的邊緣」——這是當時口頭使用的政治術語，意思是給受批判者和群眾一個信息：受批判者的錯誤是嚴重的，但不會以「右派分子」論處了。這樣的信息，通常要在最後一次批判會上發出，隨後，戰場轉移，再批下一個。榮天琳聽了這個話，驚魂初定，擦去頭上的冷汗，從此多少年，再不拿筆寫文章。

文章可以不寫，可是課總得講，開會也總得發言——不發言，會被人視為「消極對抗」。如此一來，就弄成這樣一個局面，本來幾句就能說明白的話，他卻要前序後跋，贅語甚多。他自己不怕拗口，可像我這樣剛出茅廬的毛頭小子，不知世事的艱難，聽起來就覺得相當費力。當年能以一股清新的銳氣去衝擊教條主義的人，如今卻落得講課、發言，不靠套話和教條即無以自保，這又該是怎樣的一種不幸呢?!話說回來，一個榮天琳如此，那可以說是他個人的事，活該了；如果有十個、百個榮天琳出現，那就該是中國知識分子群體性的悲哀；那麼，千人、萬人如此，大學教師、報刊編輯、公務人員，引導社會輿論的各個行當，都染上了這種病，那是不是我們的民族性出了什麼問題？要不要從這個角度反省一、二呢？說這話雖然有點危言聳聽，但我是擔心這種東西滲入到我們的基因裡去，會亂了我們的民族性。有那麼幾年，年頭不算少，相當一群人，大家都要以社論的腔調說話，說者自然地說，聽者自然地聽，彼此兩兩相安。事態到了這個地步，該不該有所警醒和反省？

「國家興亡，匹夫有責」，「苟利社稷，生死以之」，這才是我們的基因，這才是本來的傳統！歸來吧，我們的本真！歸來吧，我們的傳統！

正是：

鋒芒壯歲銷何處？

蟬到吞聲尚有聲！

晚點名

一九六八年三月，北大校內大規模武鬥之後，歷史系又有幾人被送到太平莊來。到了春天，要在山坡地上種白薯。種白薯，要先翻地，後栽秧；栽了秧，跟著就得澆水。山下有水泵，可以揚水上山，但把水分澆到各個地塊上，那就全靠人挑手提了。幾塊山坡地，少說也有百十畝，我們一面翻地，一面嘀咕，老少二十幾個人，這個活兒，不知道怎麼能夠完成。

一天，大約是在四月下旬或五月之初，我們正在山上幹活，忽然全被叫下山來。走在集合的路上，已經看到所有的空置房間全都去鎖打開，半工半讀期間，學生用過的雙層床都在。監管學生讓我們三人、兩人一組，挨屋檢查一遍，壞了的床板釘一釘修好。第二天的中午時分，大隊人馬足有二百多人來到這裡，原來都是校內各系的「牛鬼蛇神」。只見來者一個個灰頭土臉，汗流浹背，從肩上放下行李、臉盆的時候，就如同得了大赦一般。一個胖胖的中年人放下行李，連自己也倒下了，任憑監管學生喝斥，好一陣才站了起來。有人告訴我，他姓吳，叫吳柱存，是西語系的副教授。這批人裡有許多我認識的，名教授不在少數，王力、季羨林、侯仁之、樓邦彥全在其中；還有經濟系的厲以寧，地理系的錢祥麟、王北辰，哲學系的王雨田，俄語系的張珥，中文系的王理嘉等人，我們後來一起幹活，也慢慢相熟。毫不誇張地說，就憑這支隊伍，開辦一所大學，不僅可以計日程功，而且，就學科的齊全和學術水平來說，現今不少大學恐怕也難望其項背。別的不說，能開體育課的教授就有兩位：趙占元、林啟武；副教授也有兩位：管玉珊、閻華棠。要知道，直到六十年代，在全國高等院校之中，教體育的多半還是講師，助教上課才是常態，高等院校的體育教研室裡，要找教授、副教授，那真是鳳毛麟角！

大隊「牛鬼蛇神」集中到了太平莊之後，監管更為嚴酷。監管的學生來自各系，有時竟達一、二十人之多；監管花樣翻新，整人也整出「專業」水平。

這時候，例行的列隊集合一天增加到七次：早點名、上午開工前、午飯前、下午開工前、收工時、晚飯前、晚點名。每次聽到集合哨響，我們就要跑步列隊，遲到的不能入列，要受訓斥甚或遭一頓老拳。集合的操場在山坡中間，從宿舍到操場的路面狹窄，而且高低不平。我是腿腳利索的，跑到指定地點，迅速摘下眼鏡，拿在手裡；聽到一聲「解散」，才敢戴上。為什麼呢？打幾個嘴巴那是常事，挨打的時候，自己得注意保護眼鏡。如果眼鏡被打壞，行動由此遲鈍下來，走路、幹活兒處處出錯，那就是天天有打了。周一良先生的眼鏡被打壞，幸虧他有一副備用的。

高望之的眼鏡被打裂，照舊戴著。那個時候的鏡片材料用的都是玻璃，真不知道碎碴會不會掉進眼睛裡，可他不戴，不是麻煩更大嗎？我們戴眼鏡的「牛鬼蛇神」，個個知道眼鏡的重要。像羅榮渠，他的近視度數太深，眼鏡摘早了，腳下看不準；晚了，又來不及再摘。他應付這種環境，要比我困難得多。

集合之後，先集體背誦「語錄」。最常背的是從《毛澤東選集》第四卷中〈南京政府向何處去？〉和〈敦促杜聿明等投降書〉裡各選出的一段。我們每週要交一份「認罪書」，開頭也要抄錄這兩篇中的一段。我至今沒弄明白：讀「語錄」，就能促使我們「認罪」嗎？紅衛兵和監管者強迫我們這樣做的時候，他們的心裡，真是這麼想的嗎？真這樣想，那是心口如一，就像前面說過的喝令向達先生下跪的那兩個學生，仍不失為基於某種理念而行動，算是一種「紅衛兵文化」的表現；反之，如果心裡未必這樣想，口裡卻發出這種指令，兩者之間存在差距，那又該怎麼解釋呢？是因為前邊有人這樣做了，已經成為定式，自己不好改動、不敢改動嗎？如果是這樣，那我就要說，紅衛兵小將同我們「牛鬼蛇神」，雙雙落入了一個定式的奴役之中，只不過一個扮作司儀，一個被迫行禮，位置略有差異而已，沒有什麼本質的不同！若有一點差異，那就是，我們「牛鬼蛇神」是為外來力量所強制，在軀體上不得不如此，心裡並不情願，在意識上還有保留或有反抗；那司儀者呢，他們則為「紅衛兵文化」所統制，在意識上陷入盲從或屈從，淪為一種意識的奴隸而毫不自知罷了。

讀過「語錄」以後，監管學生或給我們派活兒，或宣佈事項，有時候也會喊出某人給一頓拳腳。晚點名，才是我們人人都提心吊膽的一場，長達四十分鐘甚至一個小時，每次都要喊幾個人站出隊列，輕則訓斥辱罵，什麼叫師道，什麼叫人格，那就全是「馬尾提豆腐——提不起來了」；重則是拳腳之外另加棍棒。有一陣子，武鬥用的長矛也出現在我們面前。我們一個個低頭彎腰，但見長矛在眼前晃動，不敢抬頭去看拿著這種「傢伙」的人。我們已經是毫無抵抗能力的一群，有幾條木棒足以震懾，還犯得著用這種東西來對付我們嗎？倒是另一種短兵器，讓我們更怕：那是一米左右的自來水管，一頭磨尖，可作為利器；另一頭套有膠套，便於手握，也可作為鈍器。商鴻逵先生有一次「語錄」背得不利索，越背越亂，又分辯了兩句，就被這個「傢伙」當頭一下。當時我和商先生各站隊伍的一端，隔有七、八米遠，「噹」的一聲，能聽出那是鐵管敲在腦殼上發出來的聲響。

另一次集合，一個叫聶玉海的監管學生，拉著長聲，高喊：「周——一——良！」周一良趕忙答應：「到！」聶玉海又喊：「出列！向前三步——走！」周先生應聲跨出隊列。聶玉海接著問：「今天是什麼日子？」——事後，我們「牛鬼蛇神」私下互道感受，才知道不少人當時都傻了眼。要說當時是一九六八年的六月，這我們還知道；至於是哪一天，真都說不上來了，「山中無曆日，寒盡不知年」。

那個時候，我們只問「星期幾」，隔週盼來星期天，才可以有半天「休整」；幾月幾日，幾乎與我們不相干了。不想，周先生還真回答出是「六月×日」。聶玉海接著說：「去年今天，是你在『五四』操場辱罵紅衛兵小將的日子！」一個巴掌隨著話音抽過去，周先生的嘴角上立刻流出血來，跟著左右開弓，周先生滿臉是血。聶玉海所說周一良在「五四」操場辱罵紅衛兵小將，大概是指一九六七年的夏天，在一個反對聶元梓的紅衛兵組織成立大會上，周一良登台發言。我當時躲在一個僻靜角落，從高音喇叭裡聽到了他的講話。他對聶元梓確有尖銳的抨擊言辭，說她推行

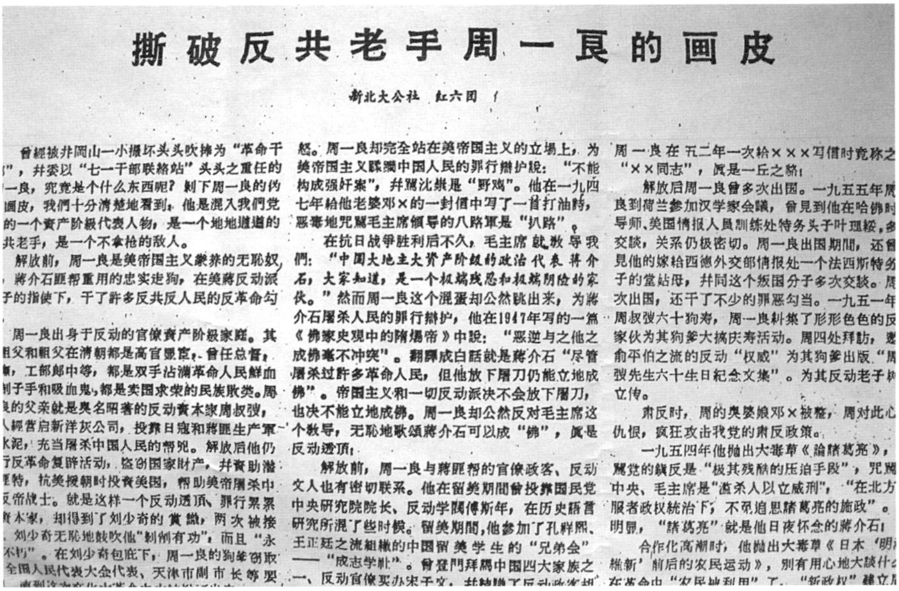

撕破反共老手周一良的画皮

新北大公社 红六团

曾經被非岡山一小撮坏头头吹捧为“革命干……”，并委以“七一干部联络站”头头之重任的……一良，究竟是个什么东西呢？剥下周一良的伪……画皮，我們十分清楚地看到，他是混入我們党……的一个资产阶級代表人物，是一个地地道道的……共老手，是一个不拿枪的敌人。

解放前，周一良是美帝国主义豢养的无耻奴……，蔣介石匪帮重用的忠实走狗，在美蔣反动派……子的指使下，干了許多反共反人民的反革命勾……

周一良出身于反动的官僚資产阶級家庭。其……祖父和祖父在清朝都是高官显宦，曾任总督，……，工部郎中等，都是双手沾满革命人民鮮血……刽子手和吸血鬼，都是卖国求荣的民族敗类。周……良的父亲就是臭名昭著的反动資本家周叔弢，……人經营启新洋灰公司，投靠日寇和蔣匪生产軍……水泥，充当屠杀中国人民的帮兇。解放后他仍……行反革命复辟活动，盗窃国家財产，并資助潜……匪特，抗美援朝时投資美国，帮助美帝屠杀中……反帝战士。就是这样一个反动透顶、罪行累累……資本家，却得到了刘少奇的賞識，两次被接……，刘少奇无恥地鼓吹他“剝削有功”，而且“永……不朽”。在刘少奇包庇下，周一良的狗爹窃取……全国人民代表大会代表、天津市副市长等要……

怒。周一良却完全站在美帝国主义的立場上，为美帝国主义蹂躏中国人民的罪行辯护說：“不能构成强奸案”，并駡沈崇是“野鸡”。他在一九四七年給他老婆邓×的一封信中写了一首打油詩，惡毒地咒駡毛主席領导的八路軍是“扒路”。

在抗日战争胜利后不久，毛主席就教导我們：“中国大地主大资产阶级的政治代表蔣介石，大家知道，是一个极端残忍和极端阴险的家伙。”然而周一良这个混蛋却公然跳出来，为蔣介石屠杀人民的罪行辯护，他在1947年写的一篇《佛家史观中的隋煬帝》中說：“惡逆与之他之成佛毫不冲突”。翻譯成白話就是蔣介石“尽管屠杀过許多革命人民，但他放下屠刀仍能立地成佛”。帝国主义和一切反动派决不会放下屠刀，也决不能立地成佛。周一良却公然反对毛主席这个教导，无恥地歌頌蔣介石可以成“佛”，真是反动透頂！

解放前，周一良与蔣匪帮的官僚政客、反动文人也有密切联系。他在留美期間曾投靠国民党中央研究院院长、反动学閥傅斯年，在历史語言研究所混了些时候。留美期間，他参加了孔祥熙、王正廷之流組織的中国留美学生的“兄弟会”——“成志学社”。曾登門拜謁中国四大家族之一、反动官僚买办宋子文……

周一良在五二年一次給×××写信时竟称之“××同志”，真是一丘之貉！

解放后周一良曾多次出国。一九五五年周……良到荷兰参加汉学家会議，曾見到他在哈佛时……导师、美国情报人員訓练处特务头子叶理綏，多……交談，关系仍极密切。周一良出国期間，还曾……見他的嫁給西德外交部情报处一个法西斯特务……子的堂姑母，并同这个叛国分子多次交談。周……次出国，还干了不少的罪惡勾当。一九五一年……周叔弢六十狗寿，周一良糾集了形形色色的反……家伙为其狗爹大搞庆寿活动。周四处拜訪，……俞平伯之流的反动“权威”为其狗爹出版“周……弢先生六十生日紀念文集”。为其反动老子树……立传。

肃反时，周的臭婆娘邓×被整，周对此心……仇恨，疯狂攻击我党的肃反政策。

一九五四年他抛出大毒草《論諸葛亮》，……駡党的鎮反是“极其残酷的压迫手段”，咒駡……中央、毛主席是“滥杀人以立威刑”，“在北方……服者政权統治下，不免追思諸葛亮的施政”。……明显，“諸葛亮”就是他日夜怀念的蔣介石！

合作化高潮时，他抛出大毒草《日本‘明治維新’前后的农民运动》，别有用心地大談什么……

「校文革」的機關刊物《新北大》，1967年11月2日刊登整版文章〈撕破反共老手周一良的畫皮〉。「反共老手」是周一良再入「牛棚」後被加封的「帽子」之一。

「反動路線」，對學生（紅衛兵）好像沒有微詞。

照說，「牛棚」裡的監管人員可以隨意處置任何一個人，這是一種常規；可某個監管學生常常格外眷顧某個「黑幫」，又成另一種「常規」。這個聶玉海，可以說是周一良的對頭冤家——「單向的」對頭冤家。一九六八年夏天，關在太平莊的「牛鬼蛇神」一個一個被拉回北大，單獨批鬥，監管學生把這叫做「單兵教練」。周一良先生是早早被拉回去的一個。押解他的，就是這個聶某人。出了太平莊，就是那段河灘路。聶玉海撿起鵝卵石，裝進周先生的背包，一塊又一塊，直到裝滿，讓周先生背到北大。當時校內分成兩派，武鬥正酣，這些石頭放到用自行車內胎做成的強力彈弓上，正好做子彈。從太平莊到北大，走路、坐車近三個小時，步行的路程近十公里。五十五歲的周先生背著這包石頭不堪其苦，聶玉海則以此為樂。前面說到訓斥向達的那兩個學生，他們雖然肢體屬於自己，頭腦屬於人家，好歹還有個意識理念可以遵循，日後或許還會有醒悟的一天；醒悟了，也許會另去探尋正當理念，因為他們有一顆真誠的心。可押解周先生的聶玉海這個傢伙呢？我不知道他後來如何。

數學系的副教授盛沛霖，也有類似的「冤家對頭」。他被打入「牛棚」的「罪名」，我記不起來了。大概他是六十年代初的歸國留學生，聽說工資略高，教課略少，監管學生罵他「寄生蟲」，無來由的整治他可有好一陣子。晚飯前的集合，通

晚年患了帕金森症的周一良。「文革」初，周一良頭上有兩頂「帽子」：「反動學術權威」和「走資派」。1967年聶元梓勢衰之時，周一良登台高分貝批聶。不久聶元梓翻身得手，秋後算帳，周一良被再次打入「牛棚」，另加了三頂「帽子」。

常訓斥三、五分鐘就可以解散；等我們去吃飯時，監管學生單單把他留下，命他抬著杠鈴在籃球場上走，走夠十圈才能吃飯；拿不動，一放下，就得從頭再來。他本來是個體胖的人，也沒有什麼力氣，又是飯前肚子咕咕叫的時候，怎能受得了？有幾次，我吃完飯回宿舍，看見他還在抬著杠鈴走圈。另一位，李同孚，也是數學系的教師，湖南人，此人有點怪癖。大夏天，幹那麼重的活兒，中午只有半個小時的休息，大家都要抓緊時間躺一躺，宿舍之內，悄無聲息。一天中午，突然一聲尖叫，把大夥驚醒。原來是一隻蟬。李同孚慌不迭地從抽屜裡把蟬拿出來，一下捂死。我們一屋的「牛鬼蛇神」全怨恨他，怒目相向，但沒有人去舉報。我們只是琢磨不透，在監管學生的眼皮底下，他什麼時候捉到了這隻蟬，又怎麼帶回了宿舍。平時監管學生整治他，常用奇招。一次，他受命走到一棵樹前，距樹幹一步遠，先用頭頂住樹幹，然後把腰挺直，身子、樹幹和地面恰成一個三角形。如此姿勢，幾分鐘就夠他受了。每到這個時候，物傷其類，我們又會同情他。

沒有被喊出隊列的，盼到一聲「解散」之後，如何動作，一樣要留心。腳步不能太快，快了，會被喊回來受責問；也不能太慢，慢了，留在監管學生的視線之內，誰知道他又會想起你的什麼不是來？只有離開操場，回到宿舍才能喘口氣，算是僥倖又挨過了一天！可是，傍晚的蚊子，在集合的時候，對我們都一視同仁，沒有哪一個僥倖，每個人的腿和手臂，凡是裸露的部分，都有多少個包。蚊子來叮的

時候，要竭力克制，不能晃動，更不能伸手去拍。你去拍蚊子，必然給自己招來一頓拍，只能等回到宿舍，趕快擦點清涼油。一盒清涼油，很快就用完了，怎麼辦？有人發現，用肥皂水擦一擦，可以很快止疼止癢，買清涼油的錢還省下來了。

這個時候正值酷暑，勞動量大增，新「規矩」不斷。我們被告知，熄燈之後、起床之前，監管人員要巡邏查夜。凡起夜上廁所的，見到監管巡邏者，要先行立定，再喊：「報告——我是反革命分子×××，要去廁所。」得到准許，才能移步前行。「否則」——監管學生把手裡的長矛高高舉起——

太平莊的一個山頭，這裡是當年關押我們的地方。閒來重訪一回，拍了這張照片。

「老子的這個傢伙是不吃素的！」這個規矩，給年長的人壓力極大。上了歲數，起夜多，眼神又不濟，弄得晚飯以後就不敢喝水了。有一回，一位老先生起夜出門，戰戰兢兢，眼見二、三十米外有人，連忙口喊：「報告——我是反動權威……」，誰知對方聽見人聲，也忙不迭地口喊「報告——我是……」，報告過後，雙方都不敢前行，等了又等，等了又等……

現在離那個年月遠了，但千萬不能把它完全當成一個笑話。我日後同朋友們說起這段情景的時候，大家都笑得彎下腰來，可有人發現我眼邊掛了淚水，趕忙斂容道歉，改換話題。試想身處此境的人，有誰能不害怕那個「不吃素的傢伙」，敢向前多走半步呢！我衷心期盼有更多的青年朋友知道，四十年多前，在中國的大地上，在大學的校園裡，這類讓人掛著淚水講的笑話，曾經有很多很多。它應當構成我們民族歷史的一個章節，勇氣大一點，乾脆就叫「恥辱篇」，也未嘗不可。這樣做，或可使後人不會忽略，不會淡忘。

正是：

司儀的行禮的　一樣受奴役　小有身心之別，
要屙屎要遺尿　佛曰不可忍　竟需冒死相求！

#「牛鬼蛇神」之間

自打我們初到太平莊，一切就都要按照監管學生的規定和命令行事。不想，我們當中的一位，在受制與被動之間，偏要尋求主動——他使出了奇招。

一天，就寢時刻一到，大家全都睡下了。從早晨睜眼，只有熬到這個時候，我們才屬於自己。可大約半個小時以後，我們中的這位，他起來了，要去廁所；又過了半個小時，他才回來。一來一回，總有響動。我們都受擾，但沒一個人說話。第二天、第三天，他依舊如此，而且回來得更晚了。大家依舊隱忍不發。後來，有人實在忍不住，私下跟他說，睡前如廁多好。不想那天晚點名的時候，監管學生在隊列前發話：熄燈後某某到廁所，借那裡的燈光去捧讀寶書，他知道抓緊改造自己。言下予以肯定。我們明白了，原來，他到廁所是去讀《毛選》，是做給監管學生看的，去了好幾天，今日方才如願！從這個時候起，我們除去受管制，還要應付自己內部的事。

「寶書」、「紅寶書」，是那個年月對《毛澤東選集》和《毛主席語錄》的崇敬代稱，無論軍民人等，一律這樣稱呼。軍中、校中，凡過集體生活的人，擠出業餘或睡眠時間，另尋燈亮之處去捧讀的事蹟，所在多有，蔚為風氣。作領導的知道了一定會給予表揚，同伴同夥也會表示效法和敬佩。這樣的事，此前我們只是耳聞，如今一見，就在身邊！不過，他去廁所借光，這一點倒是我們誰也沒有想到的。是啊，只有在那裡才可能與監管學生不期而遇，一切卻又像是無意之中。

監管者除去使用自己的眼睛，很快悟到在我們中間尋找「耳朵」的重要，這好像是一件無師自通的事。我們被鼓勵相互揭發，即所謂「立功者受獎」。這招更是不同尋常，它弄得我們互存戒心，彼此提防。一天二十四個小時，連回到宿舍、吃飯、睡覺，都要神經緊繃，不能有半刻鬆弛了。

比如說，監管者每天都從《毛選》中指定一段，要我們背誦，晚間檢查。什麼時候去背呢？上午、下午勞動的兩個間歇各有十五分鐘，喝上一口水，就趕緊拿出《毛選》，緊記硬背。二百多號人，原有的抽查辦法不靈了，於是改用普查，就寢之前，兩人一組，相互檢查。背不下來的，檢查者要報告；隱瞞不報者，嚴懲不貸。有時候指定背誦的，竟是長達一頁、甚至一頁半的「語錄」。我年紀輕，可以背誦無誤；受我檢查的，是我不認識的一位老先生，他背一個短段落，也常常有誤。我如據實報告，他免不了受苦；我不報告，又怕他去自首——真的，自首也是一個可能討好監管者的途徑。萬般無奈，每當監管學生進來檢查背誦情況，我就要全神貫注，只要這位老先生稍有囁嚅欲言之狀，我就起立，先喊報告，免得他以自

夏應元，1953年畢業於北大歷史系，留校任教，28歲時被劃為「右派」，改正之時，他已年屆50。這本是一個人最能積累成果的時光，可他全在勞動和挨批之中度過。好在他有早年的根底，晚年研究中日關係史，譯著皆豐。（夏應元提供）

首來揭發我。這不是多慮，實在是不可不有的防範——那時候的人心就是如此。

「牛棚」之中，以打「小報告」換取稍好處境的人，頗有幾位。一時不小心，吃了「小報告」虧的，夏應元就是一個。

夏應元，一九四九年考入清華大學史學系，一九五二年轉入北大歷史系。一九五三年我入學的時候，他剛好畢業，就當了我們的班主任，在生活和學習方面給予很多指導，我們初到陌生環境的一群，都把他當成依靠。他是東北瀋陽人，生得一表人材，在籃球場上是把好手，在京劇社裡扮演小生，也能登台采唱。我看過他扮的周瑜，真是倜儻風流，恰如台下的他本人一般。畢業以後，他跟隨周一良先生開闢新領域，專攻亞洲史，周先生講課，他當助教，很受器重。一九五七年，他的一句話，被人誤聽、誤傳、誤信，他終而被誤劃為「右派」。這一誤，就把二十八歲的他，誤到了五十歲。當年，先是在青年教師裡開了幾次批判會，逐步升級；又湊了幾條雞毛蒜皮，油印成一份〈夏應元反黨反社會主義言行材料〉；再次開會的時候，請來了他的導師周一良。周先生看見材料，大吃一驚，知道事情已成定局，難於挽回了。

周先生發言，開口說道：「你辜負了黨對你的培養和我的期望！」[29]只這一

29《周一良集》第五卷《雜論與雜記》，第三七一頁，遼寧教育出版社，一九九八年。

句話，眼淚隨之而下，下面坐的夏應元更是唏噓不已，師生二人一時竟成楚囚相對。周先生的話，對夏應元來說固然份量很重，其實他說得更讓自己心疼。他縱有愛護青年之心，此時也只能徒喚奈何了。周先生的兩行淚水，不正是他惋惜、無奈之情的流露嗎?!可誰知這真情一言，後來又成了周先生對「右派」溫情右傾、鬥爭不力的佐證，他因此在全系大會上受到批評，此是後話。夏應元從此失去教師資格，再不能登講台了。此後幾年之間，能在歷史系資料室整理圖書，好歹就算不錯，系裡只要有體力活兒賣塊兒的事，不論長期、短期，他都是第一人選。「文革」一來，所有「牛鬼蛇神」都放在一口鍋裡煮，周先生、夏應元又走到了一塊兒，前後相隔九年，師生二人再做了相對楚囚。

一九六七年春，年紀大的「黑幫」已經回校勞動，只剩下我們七個在太平莊幹活吃飯。那時候，吃飯要憑糧票。窩頭、饅頭都是二兩一個，在廚房裡用模具翻製出來，標準化了，全國皆然。太平莊的炊事員崔師傅，子女多，老牛自有舔犢之情，他要把自己的糧票省給孩子。「天下的廚子吃大鍋」，歷來如此。現在，七個人的飯食，一共十四個窩頭，再用那模具製作，確實值不得了，因此一律改用手工細作。這樣一來，鍋裡漸漸形成「7+1」的局面：窩頭、饅頭明顯瘦下身來，可讓我們幹的活兒，卻是一點沒減。夏應元有感於此，當時曾有詩曰：

崔師傅，當年他一個人撐起太平莊的食堂，既是炊事員，又是採購員。現今老人家退休了，孩子都有不錯的工作，他對晚年的日子很滿足。

鋤禾日當午，汗滴禾下土。

誰知盤中饃，個個一兩五！

幾個人聽了一笑。我們雖在苦中，得有機會，也會尋個開心、找個樂子，不然，月月年年全在沉重之中，怎麼受得了呢？夏應元能讓我們解頤一笑，就是沉重日子當中的一份調劑，在場的聽了、笑了，也就過去了。一年以後，全校二百名「牛鬼蛇神」被送到太平莊來，監管嚴酷起來，那正是挨過了今天、不知明天怎麼過的日子。不想，這個時候，一年前的一笑，竟被某人翻檢出來，打了個「小報告」，罪名是「夏應元污蔑工人階級」——因為炊事員老崔是工人。監管的學生一時興起，沒有像平日那樣，喊出夏應元來給一頓訓斥、打罵，卻演出了另外的一幕。

夏應元被拉到我們中間，讓眾多「黑幫」批鬥他一個「黑幫」。時至今日，恐怕想像不出，平日挨批受管的「黑幫」們，此時忽然轉換身份充當批鬥者，那該是個什麼景象！真是十年批鬥處處有，獨獨這番景象奇。那嗓門之大，調門之高，人性之中最醜惡的東西，一時之間發揮得淋漓盡致。一個監管學生先用藤條對夏應元動了手，沒打幾下，就把藤條交給打小報告者，這倒很像京劇《趙氏孤兒》裡，屠岸賈讓程嬰鞭打公孫杵臼。只見這位「老程嬰」，臂舉得高，手落得狠，鞭鞭下

去，都是實實在在，讓監管學生看了，也覺慚愧三分。大夏天，夏應元只穿一件背心，抽一鞭子，當時看不見什麼，一分鐘後就見一條鞭痕凸顯出來。可惜的是這位揮鞭仁兄，有的是程嬰的力氣，缺的是程嬰的肝膽！

事情到了這兒，還有可看的在後頭。那時節，校園裡發生了武鬥，「井岡山」、「新北大」兩派中的「杆兒」們，漢賊不能兩立，都鬥紅了眼，真到了「有個撚兒，就是炮仗」的地步，敵對情緒，一觸即發。我們「黑幫」之中有一位老先生，法律系教授，當時已年近六十。一九五二年院系調整之前，北大法學院的院長錢端升先生，是一位有名的法學教育家，他有「三大弟子」，被人分別稱為「龍、虎、狗」。進了「牛棚」的這位，他名列第三，我不知道這是以年齡、學識還是別的什麼排出來的順序。批鬥夏應元正酣的時候，錢先生的這位弟子忽然要求發言：「報告！夏應元的詩，反動之極！它一是污蔑工人階級，二，我看它還包藏著更深的意思，它是『黑話』——他所說的『個個』，一個影射『井岡山』，一個影射『新北大』。夏應元說『個個一兩五』，是說『井岡山』、『新北大』都是革命組織，兩家可以平起平坐！」話說夏應元打油時節，乃在一九六七年春，那個時候，北大的武鬥還沒有發生，甚至還沒有分出兩派，影射何來之有？這位先生，以前我只耳聞他大名，如今首次承教，印象竟然如此。不過他這一言，可激惱了在場的一個監管學生。他奪過藤條，再不要「程嬰」代勞，親自用刑泄火。倒是另外兩個監管學生，好像對法律系那位教授的發言不以為然，調子仍然定在「污蔑工人階級」的弦上——就是這樣，一頓收拾，也足夠夏應元受的了。批鬥會開完，夏應元的身上紅一條、紫一塊，已呈五彩斑斕之狀。

大概兩個月之後，夏應元再次被打。這一次他被打得昏死過去，用水潑醒之後，又被吊上籃球架，接著打，最後打得他大、小便失禁，施刑者怕髒了他們的手，才算鳴金收兵。當其時，喝令我們這些「牛鬼蛇神」站在一旁，嚇猴示警不用多說，可面對湛湛青天，莽莽大地，附近小村太平莊前，還不時有人來回走動，夏應元被打得喊聲震動山谷，施刑者怎麼就敢放肆到這種地步！經濟系教授厲以寧，當年也被關在這裡。他有〈破陣子‧昌平北太平莊 1968年〉[30]詞，其中兩句：「千嶂沉雲昏白日，百里狂沙隱碧山」，寫的是太平莊的景色，也是這裡的暗無天日。當年圈在太平莊「牛棚」裡的，如今大多已經往生遠行，活著的也是七十以外了。四十多年前，我們有話不敢說；如今，有了地方說話，我們卻個個心如古井，不起波瀾了。如果這只是一身一家的私怨，那也就全都罷了；可想到我們的民族，想到我們民族的未來，是不是還是多問上一句為好：那個時候的那片天地，究竟是

30《厲以寧詞一百首》，第四十三頁，民主與建設出版社，一九九八年一月。另詞名「北太平莊」，誤，應為「太平莊」，北京另有北太平庄，在海淀區。

誰家之天下？夏應元的腿上留有一塊深深的傷疤，他告訴我，至今風雨陰寒夜，直到天明痛不眠！如若要問此次施刑者為誰？一共三個人，狠打周一良先生的那個聶姓學生，聶玉海，他唱的是主角。

監管的花樣越多，壓力越大，「小報告」就越多。有一次晚點名，五、六個手執長矛的學生站在隊列之前，氣氛異於往常。

一個學生劈頭一聲震吼：「聽著！昨天夜裡誰說夢話了？站出來！」這一聲喝問，問得我們人人心顫：不站出去，誰能保證說夢話的不是自己？站出去，我說了什麼夢話？又如何辯白得清楚？辯不清，該得一個什麼樣的罪名？人人把心提到嗓子眼兒，操場上一時鴉雀無聲。直等到點了名字，拉出來一個，留在隊列裡的我們，才算喘上一口氣來。這時候，只見被拉出來的，拳棒交替一陣好打，動手者還要邊打邊罵，說他「夢裡都是反動言論，豈不反動透頂！」被打者懵懵懂懂，直到打完，他既沒招認出什麼，也沒否認掉什麼。若是遍翻公案小說，有誰見識過這樣的情節麼——哪怕是有幾分類似的？把某人說夢話也當成一個揭發口實，虧他真能想出來！「小報告」打到這個程度，真算打出了水平！是環境逼他如此？還是他的本性醜惡？還是兩者兼而有之？

回過頭來接著說打「小報告」的「程嬰仁兄」。憑心而論，那個時候，他也蒙受了許多不白之冤，蹉跎了不少風華歲月，說來不能不讓人同情。他之所以打「小報告」，太不正常的社會生活要負第一位的責任！看待那個年月發生的這類事情，今人後人，能作如是觀才算公平，才算符合歷史實際；如此，才不會頭痛醫腳，過多地追究個人，錯誤地總結歷史教訓，以至誤導後來。不過，把話說到這個地步之後，如果接下來我再多問一句，這位「程嬰仁兄」要是生活在正常社會裡，又當如何呢？恕我大膽，讓我推論一下；如果是在今天當下，無論教書還是搞科研，攻生化理工，以他的聰明才智，十有八九會走在學科的頂端前沿，很可能成為一位有原創性的發明家；專攻文史，不成大家，也跑不了個名教授；不然的話，他去當律師呢，那一準是能把死罪說得當庭開釋、無罪變成死囚的鐵嘴訟棍！

前面說過，「牛棚」裡巧言令色、落井下石的事，真是不一而足，可人性中最美好的成份，也依然在這裡掙扎生存。兩人共抬一筐土石，我看見，矮個子的法律系副教授沈宗靈要抬後邊，讓年長體弱的樓邦彥走在前邊，下坡的時候，沈宗靈緊拉筐繩，不讓它下滑，每次都是這樣。我看得出來，他把樓邦彥視為長輩，在一根扁擔、一筐土石之間，透出了情義，而這又是不能讓監管學生覺察到的。高望之對周一良也是如此，以至周一良在上世紀九十年代寫的回憶錄《畢竟是書生》中，還念念不忘：「他經常照顧我，搶著幹髒活累活，我至今不忘。」[31]

31《周一良集》第五卷《雜論與雜記》，第三八四頁，遼寧教育出版社，一九九八年。

有一天下工回來，大家把筐、鍬、鋤等等，放回工具房之後，照例列隊集合。正在這個時候，一個監管學生從山上撿回一把小鋤，高高舉在隊列之前。大家都知道，把小鋤忘在山上，在當時可以得一個「破壞生產」的「罪名」。說來也怪，這個監管學生沒緣沒由，偏偏認定小鋤是夏應元丟下的，喊他出列，要他承認。夏應元答說：「我用過的小鋤剛剛放到工具房裡了。」監管學生聽不進去，舉手要打，這時隊列裡有人喊道：「報告！小鋤是我忘在山上的！」後來我得知，說話者是技術物理系的教師劉元方。

「修正主義黑苗子」，是劉元方被打入「牛棚」的「罪名」。當年他三十歲出頭，就當了副教授、副書記、副系主任，他的「罪名」被簡稱為「三副」。他看上去也是個文弱之士，可這一聲報告，彰顯出的卻是一個人的誠實——寧取拷打也不能放棄的一種誠實。監管學生舉手之際，劉元方口喊報告之時，正在一個節骨眼兒上：取誠實難免遭打，緘口不言則能躲過一禍，兩者全在一念之間。只要良心的腳步慢上半拍，事態就會朝另一個方向發展，「罪名」由別人頂替的局面就算確定了。可劉元芳沒有遲疑，沒有錯過這半拍，他選擇了前者。前人有一副對聯：「與人相見以誠，造物所忌者巧」，這兩句話，是講平日的修養，此刻，非常的一刻，毫不誇張地說，劉元方全做到了。唯其如此，八十年代以後，過上正常日子，他想起這件事來，才不會為此自遣難安，不會睡不著覺。「文革」過後，八十、九十年

劉元方。「文革」伊始，他35歲，是北大技術物理系副教授、副系主任、黨總支副書記。「三副」集於一身，是位典型的「修正主義苗子」，他以此被打入「牛棚」。後來，他是北大放射化學專業的創建者之一，1991年當選為中科院院士。

代，劉元方在他所從事的放射化學領域，獲有成就，當選為科學院院士。我想，他如果沒有一個平靜、正常的心境，想做出成就，恐怕多少會受點影響吧！

前面說到的給我們燒洗腳水的崔師傅，我也得過他的關照。一次，我到廚房挑一擔飲用開水上山，他蒸的窩頭剛剛出鍋。我有低血糖的毛病，當時正巧犯了。他看見我的樣子，就說：「先來一個吧！」我本開不了口，不想他先准許了。我三口兩口下肚，還沒掏出糧票、錢票，有人進來了。崔師傅說：「桶裡的水滿了，挑走吧！」我領情會意，午間在窗口排隊買飯的時候，趁沒人注意，才補交了糧票、錢票。後來，凡是廚房裡只有我們兩人的時候，我都是先吃窩頭，後付錢票糧票。

我在「牛棚」裡還感受過類似的溫暖，說來真是難得。有一天，我單獨一個人沿著山坡往下走，對面上來了楊濟安。他腳步略略放緩，以若無其事的神態，小聲說了一句話，卻讓我永生不忘。他說：「江青在那麼大的會上點你的名，抖落的全是家務事，有傷身份！你甭擔心，後期才處理，怎麼不了你！」他不等我有反應，繼續不緊不慢地上山；我有所悟，也不改變速度，繼續往下走。那時，監管的學生常常站在山坡之上四處瞭望，我們的舉動幾乎都在他們的視線之內。

我自入「牛棚」以後，無論口頭「認罪」，還是書面交代，一向小心避開「江青」二字。要知道對她如何稱謂，就是劈頭第一難題。稱呼「江青同志」，監改的學生會說你「沒資格」，她是「旗手」，你是「反革命」，何來同志之誼？直呼

「江青」，會說你「心懷不滿」、「仇恨在心」，那麻煩就更大。所以，思索再三，寫交代材料的時候，我都避開這兩個討厭的字，只寫「對偉大領袖毛主席犯了罪」——監管學生就是這麼說的！這種寫法，天知道，九曲十八拐，真叫「繞著脖子的拐彎兒罪」，叫我怎麼心服呢！如今楊濟安的一句話，說到我的忌諱上，也說到我的心窩裡。可當時的我，既沒有表示接受，也沒有表示感謝，臉上木無表情。我心裡只想：「老楊，老楊！你好大的膽子！憑這句話，讓人聽了去，吃不了，夠咱兩個兜著走的！」

而後，在勞動過程中，我對老楊略事親近，以此表示領受了他的好意，他對這種曲折的表示，也完全會意。再後，我們被轉監到學校裡勞動，形勢稍有緩解，偷空聊天的機會一多，我才知道這位楊兄原來閱歷不凡。在「牛棚」裡，他頭上頂著的是「叛徒」帽子；從他的言談中，我才得知了這頂帽子的由來。

楊濟安是陝西銅川人氏，抗戰開始，他十六、七歲，憑著一腔愛國熱情，投入共產黨培養政治、軍事幹部的陝北抗大分校。一天，忽然接到父親來信，說家裡有事故，他急忙請假回家。不想一到家，他就被關在屋裡緊緊看住；他父親還在當地報紙上用他的名義，刊登〈脫離抗大啟事〉，斷了他返校之路，讓他苦悶了好一陣子。時屆國共合作之初，雙方尚無很大齟齬，他看到當地三青團活躍抗戰，就加入了三青團；高中畢業以後，他離家南行，在重慶有機會接觸到民盟人士，就扔掉了三青團；後來從重慶到香港，在達德書院當了翦伯贊的助手，接觸到救國會方面人士，他又漸遠了民盟；在翦伯贊身邊一久，他看出點眉目，翦伯贊必是共產黨無疑，他就懇托翦伯贊為他尋找共產黨的關係，後來還真有人來同他談過話。總而言之，這十幾年，他能激進，就不緩行。說起來，在此期間，他還加入過一個組織——青幫。從陝西出來，在南下的路上，他一文不名了，在茶館裡憑著青幫的暗記、暗語，得到同幫弟兄的救助，才得繼續前行。

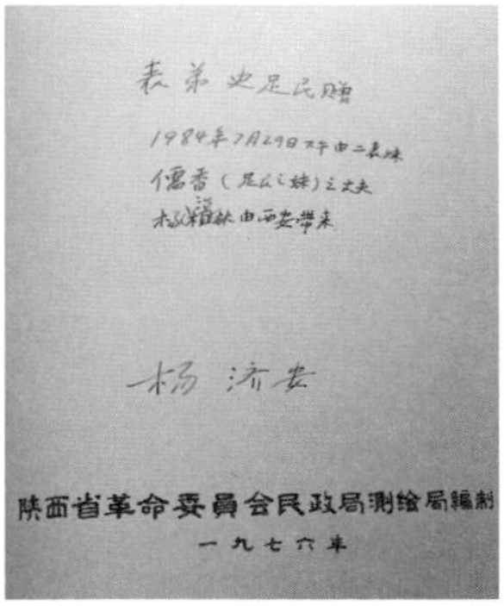

楊濟安收藏的地圖冊。楊濟安做翦伯贊的助手近二十年，翦伯贊著作中的歷史地圖，多半出自楊濟安之手。他的照片遍尋不得，只找到他收藏品的這幀照片，聊作紀念。

老楊有陝西人特有的那種高個子，兩條長腿能走路，人也能吃苦。在達德書院，他給翦伯贊當助手的時候，一份差事不足餬口，還要另謀一差，就每天給伙房供應三十擔水，從山腰挑到山頂，天雨路滑的時候，也一擔不少。我們關在太平莊，兩週才給半天的休整，相互理個髮，洗洗衣服，寶貴的半天就過去了。每當這個時候，老楊總是很快把衣服洗完，再找個緣由請假外出，像買藥、寄掛號信等等，總之，都是必到南口鎮才能辦到的事。他去請假，也不發怵，居然獲准了幾次。只要獲准，距南口二十里之外的昌平縣城，他憑一雙飛毛腿，也敢去走一趟，一下午打個來回，不誤晚飯。在縣城的街上，他看大字報、大標語，給我們帶回一點外面的消息。「楊、余、傅」[32]被打倒，就是他帶回的重要信息。「楊、余、傅」被打倒的詳情雖然不得而知，可看到上層尚且如此詭譎多變，聯想到自己，我們明白，解脫之日恐怕尚在渺渺之期，忍著吧！

話說遠了，還說老楊。想想，「誰肯艱難際，豁達露心肝？」老楊在山坡上與我擦肩之際講的那句話，何嘗不說得我腸熱鼻酸？後來每想起老楊，我腦海裡浮現出的，都是山坡上的他！如今相隔四十多年了，歿存異畛，音問難通。老楊！老楊！如果地下有知，你要聽我說，我對你的感激一直埋藏在心裡，我後悔怎麼就沒有早早對你說一說、表一表呢！

正是：

夜來鄰床囈語　原創小報告！
白日肝膽向人　我心懷故交。

32楊，指楊成武，時任人民解放軍代總參謀長；余，指余立金，時任人民解放軍空軍政治委員；傅，指傅崇碧，時任北京衛戍區司令員。三人對軍中元老表示尊重，對江青禍國殃民的行為屢有抵制，因此，被江青誣以罪名，撤職打倒，是為「楊、余、傅事件」，一九七二年平反。

人道的用刑？用刑的人道？

一九六八年的春天，北大校園裡發生了武鬥，隨後，歷史系又有幾個人被押送到太平莊來。按說，送來的本來只是武鬥的「戰利品」，現在進了「牛棚」，對不起，每人要加送一頂「牛棚」裡的政治「帽子」。

第一個送進來的是呂遵諤，考古教研室的講師。一九五三年我考入北大歷史系的前夕，他剛好畢業。裴文中先生和夏鼐先生給我們合開「考古學通論」一課，他當助教；林耀華先生開「古人類學」，他也當助教。他是我的老師。從那時直到現在，他一直從事舊石器時代的考古研究。一九八四年，由他帶領的考古隊，在遼寧發現的「金牛山猿人化石」，被認為是我國人類考古學上的一大收穫。

「文革」之初，呂遵諤看不慣聶元梓的所作所為，張貼大字報反對她，稱她「老佛爺」。可在聶元梓得手、秋後算賬的時候，他一個不留神，竟讓「老佛爺」手下的人綁架了去，給狠狠收拾了一通。送到太平莊以後，他偶爾說幾句如何被打的事，我們個個用心去聽——這種事，說不定明天就會輪到自己頭上，該有點瞭解才是。但是，聽歸聽，並不能借鑒到手。比如，呂遵諤說，同是挨打，蒙頭不蒙頭，大不一樣。不管是手掌還是木棒、鐵棒，打下來，你看得見，哪怕稍稍偏一下，承受打擊的力度都會有所減弱。頭被蒙上了，左邊打下來，你正往左轉，迎著撞上去，形成方向相反的兩個力的合力，像火車對撞，那就大不一樣了。聽過他的話，我知道他被蒙上頭打過。至於他說的「挨打比較學」，雖然言之成理，無奈蒙頭不蒙頭由不了自己，聽過他這一番話，我們倒多懸起一份心。天氣大熱之後，我們脫了上衣赤膊幹活，只有鄧廣銘、楊人楩、商鴻逵等幾位老先生，還多穿件單衣。等回到宿舍，鄧廣銘、周一良兩位，也同我們一樣赤誠相見。呂遵諤的衣服一脫，真是紅肉紅、白肉白，前胸的白肉還多，後背上的紅肉一條壓著一條，兩般顏色，紅白分明。他說，春天被打的時候，多虧有棉衣在身，否則幾根自行車鏈條和棍棒輪番抽下來，難保沒有內傷。剛送進太平莊的時候，他傷情還重。他後來說，當時只怕發炎感染，夜晚不敢去碰，翻身尤難，現在總算熬過來了。

聶元梓手下的人收拾他並送他到太平莊，找了一個由頭：「中統特務」。「文革」後期，「軍宣隊」入校，力圖消除兩派對立，搞「大聯合」，要人們反省的時候，常常要說一句話：「把螞蟻當成大象，把蚊子說成飛機」，意思是說當初把事情無限度誇大了。可是，直到一九七八年給呂遵諤平反的時候，誰也說不清他頭上當初的那隻「蚊子」或「螞蟻」究竟是個什麼，因此，只能乾巴巴說一句「推倒一

「文革」前的呂遵諤，當時是北大歷史系講師，畢生從事舊石器時代考古的發掘和研究。他看不慣聶元梓的所作所為，只因出言批評，即被送上一頂「特務」帽子，打入「牛棚」。每逢批鬥，都會格外給他加碼，「坐飛機」時，他的下巴幾乎擦到地皮。

切污蔑不實之詞」作為了結。

隨後送進來的是羅榮渠和謝有實。羅榮渠，世界近代史教研室教員，他長我七歲，高我八級，但我學生時代沒有聽過他的課，工作以後平日接觸也很少，因此並不熟悉。進得「牛棚」，聽見他有兩頂「帽子」，一頂是「歷史反革命分子」，借什麼緣由戴上的，我弄不清楚；雖然同室為囚，也不便多問，就是監管學生，好像也很少提到這頂「帽子」。另一頂常常提起的，叫做「老保翻天急先鋒」。這頂「帽子」，如今讓人聽了，有點難明就裡；可在當年，它的份量重似千鈞，甚至重過「歷史反革命」和「現行反革命」，真能把活人壓死。

話要說得遠一點。

一九六六年「文革」初起，由於是「毛主席親自發動」，又來得迅猛突然，黨內、軍內元老級人物，一時都懵了頭，弄不清他老人家葫蘆裡裝的什麼藥，只好檢討說「老革命遇到了新問題」、「對毛主席的偉大戰略部署不理解」等等。其實，他們都在看，或許也在試著跟一跟。可到了一九六七年春天，朝中奸佞當道，國內亂象叢生，已是十分明顯，各位元老個個有話在喉。恰在這個時候，中央政治局常委碰頭會等場合，讓他們的力量有所聚集整合，於是，在幾個會議上，大家同聲相應、同氣相求，葉劍英、李富春、聶榮臻、徐向前、譚震林、陳毅、李先念、余秋里、谷牧等人，一齊指責「中央文革小組」的作為，是亂了黨、亂了軍、亂了社會

秩序。譚震林說到激動處，拍案一怒，竟然傷了自己的手指。由此或許可以想像，上層之中，反對「中央文革小組」的勢頭，久蓄一發，那該是個什麼樣的場面。這個消息很快傳了出來，讓不少人感到振奮。元老到底是元老，他們敢言人之所不敢言，形勢由此或許能夠好轉？人們一時期許甚高。而江青等「文革派」人物，這個時節，個個都像泄了氣的皮球，很少出來說話，這就更增加了人們對形勢回轉的盼頭。不想，十字街頭打過一個盤旋之後，毛主席開了口，批評葉劍英等人的言論，說這是「否定文化大革命」，責成他們檢討。最高統帥這三言兩語一出，立時乾坤逆轉，江河倒流，形勢急轉直下，政府和軍中元老一場合力反擊「文革」的正義之舉，就此偃旗息鼓。由於葉劍英等人指責「中央文革小組」的發言都在一九六七年二月份舉行的幾個會議上，因此，他們的舉動被稱為「二月逆流」；又因江青等人歷來以「革命派」自詡，把原來反對她的上層人物稱為「保守派」——大面上勉強保留的一個禮貌稱謂，如今，既有最高統帥發話，江青等人頓時氣往上長，把「二月逆流」又稱作「老保翻天」，即「保守派」翻天。如此一來，二月以及二月之外，管它哪個時辰發生的事，凡屬不順耳者，不論上層、基層，凡想裝進來的，一律被「文革派」裝進「老保翻天」這個大籮筐裡。他們乘機擴大戰果，一起「秋後算賬」。

話該說回來了。聶元梓與江青本屬同根，榮枯一體。江青隱忍之時，正是聶元

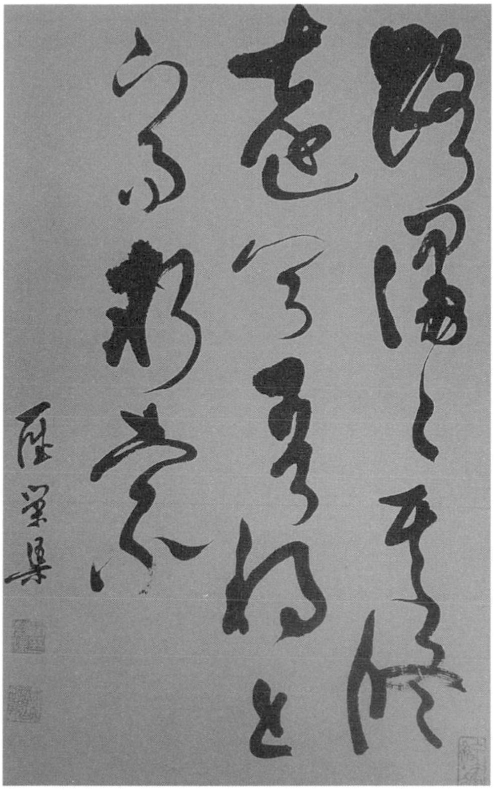

「路漫漫其修遠兮，吾將上下而求索」。羅榮渠非常喜歡屈原這一詩句，把自己的居室命名為「上下求索齋」。

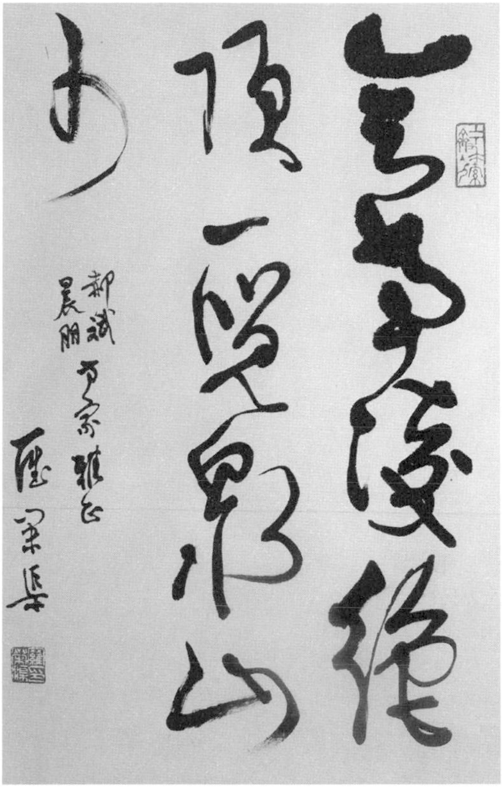

「會當淩絕頂，一覽眾山小」。多年不用毛筆之後，羅榮渠拿起筆來，行書、草書俱佳。

梓狼狽之日。當時校內轟聶的炮聲隆隆。跟她走的學生當中，很多人另拉了山頭；周培源、季羡林、周一良等多位名教授受到軍政元老講話的鼓舞，情緒高漲，公然站出來反對聶老佛爺；她的左右親近，一時也紛紛倒戈。「紅色政權校文革」，岌岌乎處於危殆之中。就在這個時候，羅榮渠以一支犀利的、飽含感情的筆，連續寫出幾份長篇大字報，矛頭直指聶元梓，弄得大字報前轂擊肩摩，站在前邊的要大聲朗讀，念給後邊看不見的人聽才行。那個時候，人們表達言論的方式，無外乎以下幾種：鋪天蓋地的大字報和大標語，裝有高音喇叭的有線廣播，快速印刷的小報，以及用男女聲交替輪呼的口號，如此等等。學校裡最多的本是教室，這個時候，教室卻是蠨蛸滿牆，空置大半年了。偏偏羅榮渠這時候連講了幾堂課，也可能是學生們重回睽違既久的課堂，有新鮮感，興趣至高，居然聽眾爆滿，而且掌聲不斷。他講的題目是：「赫魯曉夫是怎樣上台的？」「希特勒是怎樣上台的？」「慈禧是怎樣上台的？」儘管他講的不離史實，也不算牽強，但在材料取捨之間下了功夫，學生們「聽話聽聲兒，鑼鼓聽音兒」，彼時彼地，自然另成一番效果。聽眾一陣鼓掌，一陣訕笑，都是衝著「老佛爺」聶元梓去的。這樣一來，羅榮渠和他的戰鬥隊「長纓在手」，一時名滿校園。不想就在這個當口，江青在朝中得手，騰出身來給聶元梓助威。一九六七年九月十六日，江青在一個規模頗大的群眾場合說：「北大老保翻天，至少是部分老保翻天！」[33]此言一出，「老保翻天」就成為繼「走資

「文革」後的羅榮渠。1967 年，聶元梓惹起校內公憤，羅榮渠批聶的大字報格外犀利，引來大批讀者。轉過年來，他以「歷史反革命分子」之身被打入「牛棚」。在北大歷史系同輩教師中，他中西兼通，「文革」後致力於中國現代化的研究，著作頗豐。

派」之後的另一頂政治「帽子」！當時的北大，「老保翻天」的不少，羅榮渠則要算「老保翻天」中的急先鋒。老羅的大字報寫得字字鏗鏘，手上之力卻不足以縛雞，三天兩天，他就成了聶元梓手中的獵物，被送進「牛棚」裡來。

與羅榮渠一同送到「牛棚」裡來的還有謝有實，他是「長纓在手」裡的一位幹將，還是「戰鬥隊」隊長，論出身、論歷史，他都沒碴沒砟，找不出一點點縫隙。上個世紀五十年代後半期，他在莫斯科大學留學五年，回國分配到北大歷史系之後，免不了同人談起蘇聯。「文革」之前，中蘇交惡已經有年。那個時候，昨是而今非的事，常見不鮮，於是就有人借這個題目，給他量身定做了一頂「企圖越境投蘇修」的「帽子」，這在當時只算順手一辦的小活兒。大字報貼出來，一個根紅苗正的人，就此被送進了「牛棚」。就是進了「牛棚」之後，監管學生有一陣子還讓他當我們的「彙報人」。所謂「彙報人」，就是飯前「請罪」的時候，他先單口一聲：「向偉大領袖毛主席——」，我們「牛鬼蛇神」一眾趕緊齊聲跟喊：「請罪！」並按隊列順序逐個報出自己的「帽子」和姓名，如我就是：「現行反革命分子郝斌」；周一良先生的「帽子」有五頂，要喊得一個不漏，喊的時候還要彎腰、

33 王學珍、王效挺、黃文一、郭建榮主編：《北京大學紀事》（1898-1997），第七八〇頁，北京大學出版社，二〇〇八年。

低頭。謝有實的腰最早彎下來，等到我們一個一個喊完，大家才一塊直起腰來，這樣一算，謝有實彎腰低頭的時間最長。這個「節目」，說來有點像京劇舞台上對待罪犯或是有意讓來見者受辱的「報門而進」，但我們一天要三喊三進，才能吃上三頓飯。後來出了「牛棚」，我們跟謝有實開玩笑也兼自嘲，戲稱他「牛頭兒」、「牛組長」，喊了好一陣子。

江青得手之後，聶元梓趁著大局的變化，學著江青整元老們的伎倆，如法炮製了這一回。校內曾經造過聶元梓反的師生，凡是出了頭的，都被打為「老保翻天」，被整的又是一批人。若是看過季羡林的《牛棚雜憶》就會知道，他和此前已經挨整的周一良，一九六七年秋天以後所受的批鬥，更是變本加厲，前一年夏天的批鬥水平同此刻相比，那就是小巫見大巫了。

最後送進來的是個學生，五年級的楊紹明。

楊紹明是楊尚昆的次子，人稱「楊小二」。楊尚昆曾擔任中共中央辦公廳主任多年，中央主席毛澤東會隨時作出吩咐和指示，他有記錄、督辦之責。依毛澤東的個性和習慣，他表達什麼想法、意見，往往引用詩文史典，縱橫上下三千年，什麼都能扯進來，還喜歡用借喻、譬喻的方式表達，微言大義，甚或正話反說，這種時候，尤需反覆體會，才不致弄錯他的真意和全意；而單靠身邊工作人員的事後追憶，難免失準有差。楊尚昆出於這種考慮，在毛澤東的辦公之處安裝了錄音機，錄下毛澤東的談話。從辦公室現代化的角度來說，這件事原本稀鬆平常，是他該辦的一件事。中樞要地，白虎節堂，他若不這樣辦，難免疏漏，或許倒該責他一個失職才是。誰知，楊尚昆此舉，卻換來一個「特務」的罪名[34]。「特務」，弦外有音，好像是他有意偵聽毛澤東的言行，並把偵聽到的東西報告了「外人」。可這「外人」是誰呢？消息傳出，弄得人們杯弓蛇影，心裡突突亂跳。一九六六年春夏之交，「文革」還沒開始，楊尚昆已被打入「彭、羅、陸、楊反黨集團」[35]，首批清理出局了。當時，高層領導人的子女，在北大讀書的不少。他們的父母在「文革」之中大多被打倒，只是略分先後而已。這些血性青年，少不更事，父母被打倒了，好像與自己全無干係，爸爸媽媽有問題，那是爸爸媽媽的事情，我還是照樣要幹革命！因此，該說的照說，該做的照做。「文革」初起之時，有一句話：「老子英雄兒好漢，老子反動兒混蛋」，那是整治地富資本家子女的張本；可現在，物換星移，這話被另一些人接了過去，就變成整治「黑幫」幹部子女的天然理由。「楊紹

34 中共中央文獻研究室編：《楊尚昆日記》（上），第七一五—七一六頁及注文，中央文獻出版社，二〇〇一年。
35 彭，指彭真，當時任中共北京市委書記；羅，指羅瑞卿，當時任公安部長；陸，指陸定一，當時任中共中央宣傳部長；楊，指楊尚昆，當時任中共中央辦公廳主任。這是一樁冤案，後來四人都被昭雪平反。

明——楊尚昆的狗崽子！」只消這個血緣關係在，不要DNA鑑定，就足以隨便整治他。可楊紹明呢？像前面說過的，還以為自己也是「革命小將」，還要說三說四；這時候偏偏康生又出來說話，康生指名道姓，說楊尚昆的兒子楊小二「跳得很高」。一句話剛剛落地，楊紹明就被打入了十八層地獄。於是，楊紹明也升級成為正品「黑幫」，父子落入同一命運。

楊紹明未到太平莊之前，我在歷史系「黑幫」之中，是年紀最輕的，重活、累活多是我幹；他到來之後，接替了我。他小我十歲，那一年大約二十四歲。休整半天的時候，大家要洗衣服，他從山坡下面挑三、四擔水上來，給大家不少方便。一個溽熱的中午，山下來了一輛吉普車，楊紹明被喊下山去，拉走了。過了一週左右送回來時，他完全換了個人，頭上纏著繃帶，露出的半張臉，活像一張白紙；從山腳到宿舍一百多米，他是被擔架抬上來的。押送者與監管學生略說了幾句話就走了。後來，監管學生發牢騷被我們聽到：「人弄到半死，甩包袱送到我們這兒來！」太平莊的監管學生無奈，只好准許楊紹明暫不出工，臥床休息，還搭上一個閻文儒日夜伺候他。輕活都不讓他幹了，憑這一點，或許能想像出此刻的楊紹明該是個什麼樣子！他躺在床上，只說出來兩個字「頭痛」，除此之外，再沒有話。閻文儒給他打回飯來，「張嘴！張嘴！」連喊十幾聲，才能餵進一勺，哪一頓飯也得餵上一個小時。楊小二全憑年輕，大約過了二十天左右，漸有好轉，又被喝令出工

楊紹明，楊尚昆的兒子，「文革」發生時是北大歷史系五年級學生，後以「狗崽子」罪名被打入「牛棚」。二十四、五歲的他，遭到一場暴打之後，一個月不能起床。

了。

這一年，楊人梗先生六十三歲，是「牛鬼蛇神」當中年紀最大的。他素有哮喘的毛病，爬幾步山坡就氣喘吁吁，因此，所有工種中，勞動量最輕的火頭軍這個活兒，就派給了他：炊事員崔師傅在屋裡燒飯，楊先生在屋外的灶口添柴。幹這個活兒，全靠事前把粗細長短不一的樹杈、禾秸截短理齊，屋裡喊一聲「上氣兒！」楊先生就猛往灶裡添柴；屋裡喊一聲「小火兒！」楊先生就停止添柴，再送進幾鏟濕煤末，壓住火苗。我們下工回來見到的楊先生，煙熏火燎，灰塵滿面，只有鼻涕、眼淚沖刷出幾條白道兒，顯得有點滑稽——這時候，講授法國大革命的那位楊先生，全然不見了。楊紹明重傷初癒，被命令出工幹活，楊人梗先生把火頭軍的差事讓給了他，自己請纓上山。不管怎麼說，添柴的時節，總還有個小板凳能讓他坐下。即便是這樣，崔師傅要大火的時候，楊紹明添柴不力，還是害得我們吃了幾頓夾生窩頭。

後來楊紹明能夠上山幹活了，只有我們兩個人在一起的時候，他給我講了那番經過，聽得我脊背發涼，說不出一句話來。原來，他一上吉普車，就被蒙上了雙眼，摘下眼布的時候，已在一個大房間裡。滿屋的人，手裡拿什麼傢伙的都有，雖然叫不出姓名，但憑面孔，他能判定都是北大的人。不過，讓他納悶的是，人群當中有一位白衣、白帽還帶著藥箱的人，顯然是個醫生。還沒容他多想，帶頭的一個

工人，上來三句、五句問過，劈頭就打。楊紹明單衣單褲，毫無遮擋，自行車鏈條掄到頭上，打出了口子，血流下來，糊住了眼睛，他倒下了。帶頭的人示意暫停，打手們坐下抽煙休息，大夫不慌不忙上來翻開眼皮看看，縫了七針，然後告訴帶頭的：「不礙事！」於是又是一通打——原來這是革命的分工：你——只管打，我——保他不死，大家為了一個共同的目標走到一起，就是要給楊小二一個打而不死！楊紹明說，當他恢復知覺的時候，感到身上涼涼的，又過了一陣兒，才睜開眼睛，好不容易判斷出，自己此刻原來躺在男廁所裡長槽式的水泥小便池中！沖尿水不斷淋下來，疼痛也隨著漫到全身。但他頭重千斤，無力挪動分毫，只能聽憑沖尿水淋了又淋，澆了又澆！

前面說過的，聶玉海打周一良，那叫「一摑一掌血」；呂遵諤、夏應元挨打，那叫「一鞭一條痕」。這些手段，古已有之，算不得什麼新鮮創造，倒是在楊小二身上，人未見傷，醫生先到；打開了花，立刻縫上；待縫好了，接著再打，下手雖狠，但有節制，總以不出人命為限，真是殘忍之中不失「人道」！這種施刑者的從容和氣度，沒有職業訓練與修養的人，大概不能做到，或許武則天的寵臣來俊臣和周興，能

舊時的小便池。楊紹明被打昏，醒來的時候，發現自己躺在男廁的小便池裡。他掙扎了好久，才爬出來。這種便池，如今已難覓見。這是某種合金鑄造的現代便池，僅形狀與當年的相似。

與他們相比一二！

正是：

一鞭痕一掌血　司空見慣，

打了醫醫了打　人道用刑！

「單兵教練」

那段時間，呂遵諤、楊紹明、羅榮渠、周一良等人先後被拉回北大，各被「單兵教練」了一回。

「單兵教練」，這是監管學生當時的用語，意思是指從眾多「黑幫」中挑出一個，從太平莊押回北大，單個兒批鬥。此番的批鬥，已經不同以往，以打為主，以鬥為輔，隔個兩三週就有一次。除了楊紹明，另外幾位被「教練」的詳情不得而知，但見每個人回來之後，行動都有不便，想必是有傷在身；而且，他們的精神也要低沉多日。物傷其類，他們消沉下來，我們所住的整個房間，也都籠罩在一種「不知明日」的氣氛之中。高望之是否被「教練」過，記不清了。我心裡數著數兒，按說，也該輪到我了，該叫而沒叫，倒成了另外一種折磨。

終於有一天，山下高喊我的名字，我按照「牛棚」裡的規矩，趕忙跑步來到指定的房間，報門而進。因為低著頭，不知屋裡有多少人，只見很多隻腳。我兩腿剛剛併攏，還沒有完全站定，口裡的「報告」也還沒有喊出來，兩腿膝後打彎的地方，就被人猛力一腳，也許是一棍。我身不由己，撲通跪倒。此後的審訊，足夠唱一齣「三堂會審」的功夫。他們審問我如何夥同郝克明共同「迫害毛主席的女兒李訥」。

「迫害李訥」，這個話是江青說的。

一九六六年七月，毛澤東決定撤銷派到北京各大、中學校維持秩序的「工作組」。但是，付諸實施這一決定，卻沒有採用慣常的行政手段，而是繞過層層黨政運作系統，由「中央文革小組」直接捅到廣大學生群中。這種非常規的做法，帶有明顯的博弈色彩。本來嘛，聶元梓的大字報，原是一把天火，剛一點燃，「工作組」即到，天火隨之灰飛煙滅。現在撤銷「工作組」，不是行政手段的調整，而是要重砌爐灶再添柴，藉著聶元梓大字報的餘溫，把天火再次燃起來。此一時刻，再選北大，亦非偶然。可憐的北大，由此成了中國政治棋盤上的兵家必爭之地。

二十五、二十六日，「中央文革小組」袞袞諸公連續兩晚來到北大，在東操場召集師生員工萬人規模的大會，放起了趕走「工作組」這把火。「文革」期間，江青在大、小集會上頻頻露面，大家不以為奇，可那都是後來的事。七月二十六日到北大，是她蟄居紅牆多年之後在公眾場合的首次亮相，連她「中央文革小組」副組長的職務，都是人們在這次大會上得知以後才傳開的。她是毛主席的夫人，當然無人不知，無人不曉；那天晚上人們乘興赴會，一多半是衝著她是主席夫人這個身份來的。她在那天的大會上，先歷數了北大「工作組」組長張承先的諸般不是——這是她北大之行要打的靶心，這個任務完成得相當到位——而後，她話鋒一轉，說，張承先「工作組」任用的積極分子裡，有一個叫郝斌的，他是什麼人呢？……他「迫害李訥」。

「文革」期間，江青到處出場，可謂頻繁至極。每到一處，聯想起什麼陳年舊怨，她就順口點出那人的名字，橫加上一些政治「罪名」。對她說來，這成了一件「摟草打兔子——捎帶腳兒的事」。七月二十六日出場北大，那是她手操勝券、在政治角鬥場上的首次出擊。首次出擊，她已不加節制和掩飾；到得後來，就更是一

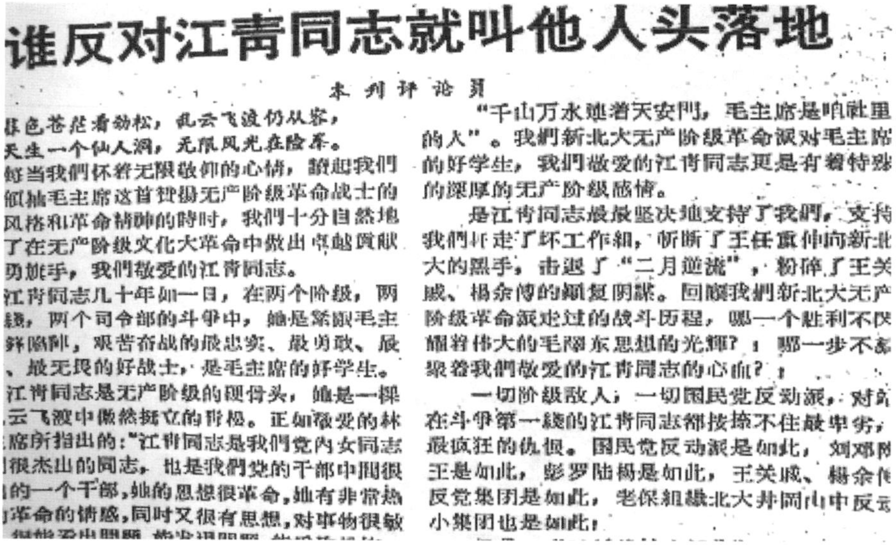

谁反对江青同志就叫他人头落地

本刊评论员

暮色苍茫看劲松，乱云飞渡仍从容，
天生一个仙人洞，无限风光在险峰。
每当我們怀着无限敬仰的心情，讀起我們
领袖毛主席这首赞揚无产阶級革命战士的
风格和革命精神的詩时，我們十分自然地
了在无产阶級文化大革命中做出卓越貢献
勇旗手，我們敬爱的江青同志。
江青同志几十年如一日，在两个阶級，两
綫，两个司令部的斗爭中，她是紧跟毛主
鋒陷陣，艰苦奋战的最忠实、最勇敢、最
、最无畏的好战士，是毛主席的好学生。
江青同志是无产阶級的硬骨头，她是一棵
云飞渡中傲然挺立的青松。正如敬爱的林
主席所指出的："江青同志是我們党內女同志
很杰出的同志，也是我們党的干部中間很
的一个干部，她的思想很革命，她有非常热
革命的情感，同时又很有思想，对事物很敏

"千山万水連着天安門，毛主席是咱社里的人"。我們新北大无产阶級革命派对毛主席的好学生，我們敬爱的江青同志更是有着特殊的深厚的无产阶級感情。

是江青同志最最坚决地支持了我們，支持我們赶走了坏工作組，斩断了王任重伸向新北大的黑手，击退了"二月逆流"，粉碎了王关戚、楊余傅的顛复阴謀。回顧我們新北大无产阶級革命派走过的战斗历程，哪一个胜利不閃耀着伟大的毛澤东思想的光輝？！哪一步不浸染着我們敬爱的江青同志的心血？！

一切阶級敌人，一切国民党反动派，对站在斗爭第一綫的江青同志都按捺不住最卑劣，最疯狂的仇恨。国民党反动派是如此，刘邓陶王是如此，彭罗陆楊是如此，王关戚、楊余傅反党集团是如此，老保組織北大井岡山中反动小集团也是如此！

刊登在《新北大》上的一篇殺氣騰騰的文章，「反對江青」這個罪名，當時人聽人怕。頭上有這頂「帽子」的，雖不至於個個人頭落地，家破人亡的卻不在少數。相比之下，我算是幸運的一個！

發不可收拾。她在這次大會上點名，陸平、張承先自不會漏掉；捎帶腳兒的，還點了她家的兒媳、毛岸青的妻子、中文系的學生邵華，點了在北大黨委工作的幹部郝克明以及在下，會場一時震動。實話實說，她的這次「捎帶」，只能算是見習水平，分數不能打得太高，她在火候分寸上，還欠缺拿捏的功夫。在點到我們幾個人名字的時候，她竟然語帶嗚咽，情緒激動，甚至當眾服藥，弄得感情色彩重於路線鬥爭，讓人看了覺得像是一個婆婆媽在嘮叨，說的全是家務事。說到傷心之處，她掏出手帕擦抹淚水，全然不像一個政治家在演講，舞台效果因此大打折扣，以至事後「傷身份」、「水平太低；影響不好」[36]的負面議論多處出現。當時校內有人發了這種議論，凡被告發的，都成了「攻擊江青同志」的「現行反革命」。我被平反之後，曾想打聽到底有多少無辜受累的仗義同仁，竟沒能數清楚。

某甲迫害某乙，在法制社會，大不了是個刑事案件，而且要有起訴、有判決，罪名成立，才能定案。如今，江青說「郝斌迫害李訥」，這一下子就成了政治事件——那是個泛政治化的年月，政治事件，惟此為大。當晚十時左右，經她一說，不需要什麼法律手續，我的「罪名」就算鐵板釘釘，定下來了。而在一般民眾，特別是青年學生一方，他們對偉大領袖的熱愛，頓時轉化為對我的仇恨。

此刻，當我在太平莊長跪之際，審問者要榨出更多的細節，拿回去作為整治郝克明的子彈，可來者都是校內的工人，他們並不長於審訊羅織之道，看來也沒有什麼準備，幾個人反覆提出幾個問題，我一一回答之後，竟然啞了場，問不下去了。眾來人雖於審問一道不精，動手卻都擅長。審我的屋子是一間磚房，但地面沒有鋪磚，是用三合土夯成的。我正在長跪俯首答問，忽聽一聲喝吼，幾乎同時，但見一根土製長矛，矛頭忽地刺進地裡，距我僅有半尺之遙，嵌入了地面。兩米長的矛桿，是用自來水管做成的，它像一根大音叉，在我眼前，一邊搖顫一邊發出嗡嗡聲響。這時候我可真像戲台上的蘇三所唱：「嚇得我膽戰心又寒。」接著，頭上、背上，什麼東西都下來了，最後一腳，讓我跪都跪不住，歪倒下去。審問者臨走的時候，責令我寫出書面交待，由監管學生轉交。沒想到，剛讓我站起來走出房門，他們也跟腳兒湧出來。我心裡一驚，不知到了戶外，會不會還有什麼事情發生，是不是要把我帶到什麼地方去？那個時候，我們的神經總是這麼緊緊地繃著。接下來，我才知道這是虛驚。原來他們要在天黑以前趕回北大——從北大到太平莊，當天要打個來回，時間太過緊張。是兩地間的距離，讓我少吃了一些苦頭。

一劫剛過，一劫又到。一天，剛剛起床，通知我跟著一個監管學生走。我被押解回了北大。此時的校園，經過一九六八年春季的武鬥之後，路上行人稀少，比我離開的時候顯得大為冷清。押解我的學生帶我直奔三院一〇一室。一腳邁進屋門，

---

36 楊勳：《心路•良知的命運》，第一五三頁，新華出版社，二〇〇四年。

爆發式的口號聲劈頭迎面而來，原來這裡早坐滿了人，只在等待我的到來。批鬥發言開始，我沒想到，上來的是個教師，而且是與我同在一個教研室的親近同事。

我們教研室中，擔當中國現代史教學的，一共四個教師，整年整月泡在一起。截至一九六六年「文革」開始，我進入「牛棚」之時，我和這個同事共事已有七年之久。說起來，他低我一級，算我的大學弟，平日來往很多。他這個人有點蔫乎，時不時來到我的宿舍聊天，說話的時候，身子湊得很近，這一點與我的習慣不甚相合。可我一想，這是人家的親和熱情，只好硬著頭皮生受。一九六四年秋天，農村裡有過一場聲勢浩大的運動，正名叫做「農村社會主義教育運動」，俗名叫「四清」，遍及全國各地。這次運動，折騰的是那些整年辛勞、同人民公社社員一樣吃喝不濟的農村幹部，主持其事的是「四清工作組」——從城裡派去的機關幹部，也包括大學教師人等。在北大，還派出了四、五年級的學生，說是讓他們去「接觸實際」。這是另一個話題，此處暫不多說。歷史系的教師，去了一多半，我也在其中。我就是在這場「四清」中，與當時歷史系五年級的學生李訥同在一個工作隊，因工作中常有分歧，也有爭論，才惹來一個「迫害李訥」的罪名。在此之前，系裡「中國通史」一課中的現代部分，我講過兩遍了，如今我要下鄉，低年級學生還要在校上課，教研室副主任榮天琳指定大學弟接我的課。大學弟來到我的宿舍，說他第一次講這門課，恐怕準備不及，要我把我的講稿留下給他用。我全部拿出來，遞過去，好厚的一摞兒。那是個很革命的年代，我們誰都不把知識當成一己的私有之物，一份講稿有什麼不能借給別人的？像我這樣做的，十個人中會有九個。豈料，不足四年之後，在三院一〇一室，站在我身邊的大學弟說：「黑幫分子郝斌反對毛主席不是偶然的，我手裡有他的新罪證！」一般說來，學生的批判發言，激昂慷慨，大半是空話，早聽慣了，每到這個時候，只要頭更低、腰更彎，但圖不招來拳腳，把時間挨完，就算了結。這回發言的是大學弟，手裡還有「新罪證」，我心裡雖然認定斷不會是真有，但還是豎起耳朵仔細地聽。只見他手上一抖，嘩啦一響，說：

1968年5月8日 星期三 第四版　新北大

请看井岡山六纵教工支队中的国民党杂牌军

新北大公社紅六团　柚子洲　缚苍龙　国际歌

我們伟大領袖毛主席最近极其深刻地指出：产阶级文化大革命“是中国共产党及其領导下广大革命人民群众和国民党反动派长期斗爭的续。”我們新北大无产阶级革命派无限忠于毛席，自从响应江青同志的号召，痛击北大老保天以来，与北大的国民党反动势力进行了艰苦卓的斗爭，取得了重大的胜利。今天，我們就被新北大无产阶级革命派打得焦头烂額，潰不軍的井岡山兵团六纵教工支队中的国民党杂牌揪出来示众。这对于我們学习、領会毛主席新指示来說是个极好的反面教材，广大井岡山团受蒙蔽的阶级弟兄們只要回过头去，看一看己身边都是些什么人，一定会反戈一击，走向命的

几个触目惊心的数字

一、井岡山兵团06教工支队49人，被揪出的人9人，占17%。

二、因实在太反动，不便在組織上加入井岡，但积极参加井岡山活动的15人（其中被打倒9人，占60%）

三、以上二者合計64人，被打倒18人，占%。

四、64人中本人被打倒或亲属被打倒、被紅兵小将抄家，或畏罪自杀者33人，占50%。

五、参加国民党、三青团、青年軍、特务等織的12人，占19%。

六、井岡山兵团06教工支队是由“跃上葱”“长缨在手”“从来急”“冲霄汉”四个战队为核心組成的

陈独秀翻案。胡說什么用毛澤东思想指导研究历史就是“肢解了历史的真实面貌。”六七年下半年，参加“跃上葱蘢”战斗队，串通牛鬼蛇神在自己家里开黑会。他还鼓动黑帮分子徐华民“造反”。說什么“服从聶元梓的領导就是保命，不是革命，过去服从陆平是旧奴隶主义，現在服从聶元梓領导是新奴隶主义”，“不造聶元梓的反就是沒有路綫斗爭覚悟。”

田××　原历史系总支委員，出身地主，父亲是国民党軍法处长，岳父是恶霸地主，被鎮压。田本人参加过伪軍和三青团，是反共老手翦伯贊的接班人。他曾丧心病狂地攻击伟大領袖毛主席說，“毛澤东思想是馬列主义頂峰”的提法影响中苏团結。五九年反右傾时受到批判。

宿　×　原考古教研室主任。房主出身，资产阶級学术权威、历史系一霸，与中統特务吕遵谔关系密切。他疯狂推行刘邓修正主义路綫，打击排斥革命干部和青年教师多人。曾因貪污公家图书被斗。六七年下半年积极参加“跃上葱蘢”战斗队，大反校文革紅色政权，还代表井岡山参加国庆游行、欢迎外宾等全部活动。

“长缨在手”战斗队
（井岡山六縱教工支队国民党二分队）

罗荣渠（“长缨在手”战斗队队长）　罗是原历史系讲师、历史反革命、地主出身。其父是国民党四川省党部书記长，軍統特务头子戴笠手下的十三太保之一，1951年被我人民政

朱××　原历史系讲师，大地主大官僚出身，思想一貫反动。解放后，强奸女佣人被我人民政府判刑劳改。

杨××　楊反右斗爭时有右派言論，和右派勾勾搭搭，泄露国家机密，被开除出党。文化革命中大反新生的校文革紅色政权，极为活跃。楊××狗胆包天，竄往湖南为“省无联”翻案，遭到湖南无产阶级革命派迎头痛击。

还有几个队长与黑干将

李　原　（六纵教工支队勤务員，“从来急”战斗队队长）

李賊是国民党中統特务，多次上送情报，使我地下党組織遭受破坏。

文化革命中，李賊跳出来攻击江青同志。六七年伙同美国特务周一良拉起了“历史系教工造反联絡站”。早在去年，我新北大公社紅六团就发表严正声明，坚决打倒李原，但井岡山兵团将其长期窝藏在二十八楼，使之逍遥法外。

高望之　（六纵教工支队的黑干将）高原是历史系資料員，大流氓偽君子。大官僚、大汉奸、大資产阶級家庭出身。其父潛逃香港，其兄为大右派，两个伯父均为国民党大特务，現在台湾。解放前高贼咒罵中国共产党領导的抗日战爭是“匪乱猖獗”，并无

《新北大》——「校文革」的機關報。1968年載文稱我們「牛鬼蛇神」為「國民黨雜牌軍」。

「這是郝斌上課的講稿！全是他的白紙黑字！我念一段給大家聽。」聽到這個地方，我心裡有點發毛了。二十幾萬字的講稿，六、七年前寫的，拿到今天來看，保不準有什麼疏漏，真要讓他給挑出來，我就該着沿著地獄之道，再往下走一層。大學弟果然念了一段，大意是郝斌從《毛澤東選集》裡引了一段話，但在引文之前，沒有按照那時候的常規寫「毛澤東同志指示」，或是「毛主席教導我們說」，而是寫了「毛說」。大學弟向在場的聽眾說：「革命群眾聽聽，他居然把偉大領袖像美帝、蘇修一樣，稱作『毛』！他是多麼的反動！」他邊說邊把講稿舉起讓全場看，而後還把講稿塞到我眼前，說：「你看！你自己看！」

下面的學生看不見什麼，但我自己寫的東西，掃一眼就全明白了。

那是專門用來寫講稿的方格稿紙，我們每一位教師從歷史系辦公室貴增祥先生那裡，登記、簽字之後就可以領到的。大學弟拿出來的那一頁，是方格之內，一格一字先寫滿了，又從《毛澤東選集》上引出一段話加添上去，沒有地方寫了，只好抄在方格之外的一側。紙頭很窄，字只能寫得很小，為了把引文抄寫完整，省出幾個字的地方，所以前面只寫了「毛——說」，這是我自己能看懂的一種簡略寫法，在課堂上，該怎麼出口，我當然會用習慣的稱謂。大學弟現在讀給大家聽時，把「毛——說」讀為「毛說」，一下子把全場都惹火了。「毛說」這種用法，當時只有內部發行的《參考消息》上能見到，那是西方媒體引述毛澤東文章時的慣稱。我對偉大領袖沿用西方的稱呼，革命群眾如何能夠容忍？此時間，只聽屋裡一片亂推椅子的聲音。出席批鬥會的人，坐的都是教室裡常用的那種一側帶有扶手桌的椅子，排得很密。不少人想擠到前面來動手，你擠我也擠，只擠得椅子嘎嘎作響，相互卡住，誰也沒擠過來。我呢，彎腰低頭，只顧防範來自前面的襲擊，沒想到後脖頸上被猛擊了一掌，站立不穩，倒在地上。我的大學弟，身高接近一米九，體軀偉岸，有道是「身大力不虧」，他這一掌，有力度，也很乾脆，一下把他多年的那股蔫乎勁兒，全打飛了。

三院 101 室門前的走廊。1968 年 7 月，我在這個房間被「單兵教練」。「教練」完畢，從走廊到三院大門口，批鬥者站成一條甬道，有人扭著我的一條胳膊從中間穿過，任人踢打。

批鬥會結束，我被押出一〇一室。沒想到從一〇一室到三院門口，加起來一條長約三十米的走廊和庭院的小道上，兩邊都站滿了人。會場上激起的憤怒未得發洩，這時演變成一道縱深人牆，恰如沙俄軍隊裡對士兵施行「笞刑」一樣，讓我從人牆中間穿過，間隙很窄。本來按照常規，該有兩個人各拉我的一條胳膊押我前行，此刻，只好改成一個人拉我，實際上是按住我的一隻胳膊不讓我快走，好讓兩邊的人有足夠的時間對我動手。我唯一的辦法是把腰盡量彎曲下來，讓背部和後腦殼受屈，保護住眼、臉和前胸。這個時候，又沒想到有人從下面踢來一腳，踢到我的陰囊睪丸，我疼得站不住，立時倒了下去。接下來，從三院大門口到大飯廳的北門，兩百來米的路，是兩個押解學生把我硬拖過去的。

彼時那兩個學生要到窗口打飯，以便當天把我押回太平莊。這個時候的我，只覺得胸口像火燒一樣，噁心，頭痛欲裂，乾嘔了一陣，上衣的前後襟完全濕透了。兩個學生去買飯，一鬆手，我就癱在了地上。來吃飯的學生進進出出，打我身旁走過，最多略看一眼，沒人理會。地上有洗碗池裡流出的水，我的身子浸在水裡的部位，有股涼涼的感覺，似乎可以緩解痛苦。我強掙扎起立，挪到洗碗池邊，試著用涼水沖臉，感覺好過一點，就再沖沖頭。這時候，真想大口喝下涼水，但是理智告訴我，一定要克制忍耐。我只用涼水反覆漱口，最後試著嚥下一點，再嚥下一點。押解我的學生飯罷，催我上路。我把上衣用自來水完全淋濕，而後再穿上。這個時候，我實在控制不住，還是喝了一大口水。出門的時候，只聽一個押解者對另一個說：「這傢伙怎麼是這個鬼臉色？」我被他們押上了返回太平莊的路。

過了很久，我才知道這場「單兵教練」的日子是在哪一天。

到了本世紀，時隔四十多年之後，一位朋友從國外寄回一份有關我的材料，是聶元梓「紅色權力機構」的機關報《新北大》一九六八年七月二十六日版的影印件。那篇文章的題目是〈反革命小丑郝斌休想翻天〉，文章開宗明義，劈頭就說：

兩年前的今天，敬愛的江青同志在我校萬人大會上把混在革命隊伍中的反革命分子郝斌點名揪了出來，大長了無產階級革命志氣。我們懷著對偉大領袖毛主席的無限忠誠和對江青同志的無限熱愛，立即揪鬥了這個反革命分子，對他實行了無產階級專政。

文章接下來又說：

最近，新北大公社紅六團和歷史系革命師生再次揪鬥了反革命分子郝斌，在大量的罪證面前，郝斌終於低頭認罪。

我被「單兵教練」，但知是在一九六八年的七月；至於是七月裡的哪一天，其前其後，都沒深想——我們被關在太平莊，只數哪天是星期幾，兩週盼來半天休整就知足了，至於哪一天是幾號，多數人並不在意。如今看到這篇文章趕在七月二十六日刊登，原來是為了紀念江青兩年前在北大東操場的講話。「7・26」！「7・26」！說起「7・26」，這個日子我本該銘記在心！那一天她點出我的名字，開啟了我十年的屈辱生活。連「7・26」都沒想到，我怎麼那麼遲鈍、那麼大意呀！到了今天重提此事，我都難免幾回自責，幾回自訕。

說到這裡，我不免產生一個猜想：押我回到北大實行「單兵教練」的日子，恐怕也在「7・26」這一天吧？《新北大》的文章雖說「最近……再次批鬥了郝斌」，似乎「教練」的日子在「7・26」之前幾天，如今細加回想，恐怕文章早已寫就，單等「7・26」一到，紀念文章和「單兵教練」同步實施，如此一來，紀念活動才算得完整加完美！但只一件，「郝斌終於不得不低頭認罪」一語，應是這篇文章的要素，實在缺少不得，這個時候，筆頭的狡獪把戲，就派上用場了——儘管「7・26」才實施「教練」，但在報導裡把「教練」的日期稍稍提前，豈不是易如反掌，其說自圓嗎！

上述推測倘能成立，那麼我要

1968年7月26日　星期五　第四版　　新北大

反革命小丑郝斌休想翻天

两年前的今天，敬……的江青同志在我校万……大会上把混在革命队……中的反革命分子郝……点名揪了出来，大长了无产阶级革命派的志……。我們怀着对伟大領袖毛主席的无限忠誠和对……青同志的无限热爱，立即揪斗了这个反革命分……，对他实行了无产阶级专政。然而，北大井岡山……团中的現行反革命集团竟狗胆包天，公然对抗……青同志的指示，为反革命分子郝斌鳴寃叫屈。……这个現行反革命集团的庇护下，郝斌参加了……岡山兵团的所謂七一干部联絡站，参加了井岡……兵团六纵教工支队的活动，甚至猖狂地要取回……所写的交待材料，并同系內外的走資派、特务……次进行反革命串連，妄图变天，成为北大老保……天的急先鋒。

最近，新北大公社紅六团和历史系革命师生……次揪斗了反革命分子郝斌。在大量的罪証面……，郝斌終于不得不低头认罪。

恶毒攻击伟大领袖毛主席的現行反革命分子

1964年11月至1965年6月，郝斌在顺义县天竺公社天竺大队参加四清工作期間，积极投靠刘邓黑司令部，勾結反革命分子万云（反革命分子万里的妹妹、四清分团党委委員）、孙××（反革命分子彭眞的警卫班长）和反革命分子郝克明（陆平黑党委政策研究室主任、四清工作队指导員），疯狂对抗毛主席的革命路綫，恶毒攻击我……

万云、郝斌、郝克明的反革命謬論遭到了李訥同志的坚决抵制和反对，于是，这些家伙便咬牙切齿地大駡李訥同志是"左傾幼稚病"、"驕傲自大"、"盛气凌人"、"自以为是"，揚言自己要"爭君子一口气"。請看，郝斌把攻击的矛头指向了誰，不是十分清楚了嗎？

反革命分子郝斌在万云、孙××的支持下，在工作中多方刁难李訥同志，利用工作队整訓和討論工作的会議，对李訥同志进行围攻，郝斌还写了恶毒咒駡李訥同志的反革命黑詩，以发泄他的刻骨仇恨。他們在社員中散布攻击李訥同志的流言蜚語，妄想挑拨李訥同志和貧下中农社員的关系。当他們这些无耻伎倆統統失敗以后，他們就借故把李訥同志排挤出工作組核心組，又不让她参加四清整党工作，却让一个摘帽右派分子参加，还把支持李訥同志的工作队員調走，妄图孤立李訥同志。

尤其使人万分憤慨的是，这伙十恶不赦的反革命分子用尽了一切卑鄙手段，对李訥同志进行了残酷的、令人发指的人身迫害。他們故意在李訥同志生病发高烧时，当面諷刺挖苦她。反革命分子郝斌甚至杀气騰騰地拍着炕沿說："我是組长，你生病得向我請假！"反革命气焰囂张已极。

反革命分子郝斌所以胆敢如此猖狂地打击、迫害李訥同志，就是因为有黑后台彭眞給他們撑……

……了曾向北大駐教工作队写信揭发陆平黑帮的吳維能同志的整訓負責人的职务。接着，又把郝斌提拔到昌平县四清工作团办公室。

反革命家庭的孝子賢孙

"世上决沒有无緣无故的爱，也沒有无緣无故的恨。"反革命分子郝斌一貫堅持資产阶级反动立場，对伟大領袖毛主席怀着刻骨的阶级仇恨。他經常吹噓自己出身于工人家庭，实际上，他的狗父在解放前是一个以火車司机为公开职业，专門販卖鴉片等毒品的販毒犯。由于解放后继续干这种罪恶勾当，被我人民政府逮捕法办。他的狗父还是一个积极为傅作义卖命的大工賊，曾領到傅作义的"奖状"，直到解放后，这个"奖状"还悬挂在郝斌家中。他的狗叔父是一个血債累累的国民党中統特务組长，解放后潜伏下来，曾住在郝斌家里，后被我专政机关逮捕鎮压。他的狗祖母是一貫道坛主，全家都是一貫道徒。

这个混进党內的反革命家庭的孝子賢孙郝斌在1957年右派分子进攻期間，放了大量右派言論。反右派斗爭开始后，郝斌极力包庇他班上的右派学生过关，胡說他班上"沒有右派"。三年困难时期，郝斌又猖狂攻击三面紅旗和党的領导。

毛主席亲自发动和領导的无产阶级文化大革命，彻底摧毁了反革命分子郝斌的靠山刘邓黑司令部，但是，刘邓反革命工作組仍然企图包庇……

〈反革命小丑郝斌休想翻天〉載於《新北大》1968 年 7 月 26 日。兩年前的這天，江青在北大東操場萬人大會上「控訴」我「迫害」她的女兒。這是紀念她講話兩週年的文章。我從太平莊被拉回北大「單兵教練」，大概就是同一天吧！

補喊一聲：「好苦！」據《北京大學紀事》，我被「教練」之後的三十六個小時或許稍多一點，即一九六八年七月二十八日淩晨，毛澤東找來北京高校學生造反派的「五大領袖」[37]談話，告訴他們學校要實行「軍管」[38]。「教練」我們的那些人，從此就自顧不暇了，哪還有心有力再來實施「教練」呢！末班車偏偏讓我趕上了！仔細回想，確實，在我之後，真的再沒有誰被拉回學校「單兵教練」。至於《新北大》那篇文章裡說的「大量的罪證」，那應當是另一狡獪之筆。按照那個時候的思路和文風，大學弟指證的「一字」之稱謂，既可以構成「罪證」，也足夠稱為「大量」。當天的「教練」場上，別人只是動手動腳，而登台開口的，除去大學弟一人之外，不是沒有第二個嗎！

回過頭來說稱謂。僅用姓氏稱呼人，這是外國人的習慣，中國人沒有這種叫法。我現今的一位鄰居，女兒嫁給一位洋人，洋女婿以她的姓氏稱呼她。她說，好多年了，至今聽著還有點彆扭。我的這位鄰居，一輩子搞的是英國語言文學，在國外長住的時間也不少，她接觸的西方文化比我要多得多。她七十多歲了，如今被動

---

37 即北大的聶元梓、清華的蒯大富、北師大的譚厚蘭、北京航空學院的韓愛晶、北京地質學院的王大賓。

38 王學珍、王效挺、黃文一、郭建榮主編：《北京大學紀事》（1898-1997）（下冊），第六七二頁，北京大學出版社，一九九八年。

地接受這個稱呼，還不適應；四十年前的郝某人，會主動地使用這種稱呼嗎？我的這位大學弟，虧他也能想出來。

一九六九年夏天，我從「牛棚」裡放出來，十月，隨同北大兩千職工到江西省南昌縣鯉魚洲幹校勞動。去江西前，大學弟再次推門進入我的房間。這次，他來送還我的講稿，並說：「無政府主義在我頭腦裡作怪，我打了你，這很不對，我向你道歉。」

「軍宣隊」、「工宣隊」[39]進校之後，為消除兩派之間的裂痕，鼓勵相互結過怨、動過手的學生捐棄前嫌，團結到一起。消除裂痕的辦法，就是「共同向資產階級派性、向無政府主義開火」，並設計出具體的模式：結過怨的任何一方，只要向對方說出「資產階級派性」或「無政府主義在頭腦裡作祟」，那就是很認真的檢討，算是「上綱上線」了。另一方聽到，不能再有二話，不但要趕快接受，還應當說「我的風格沒有你高」、「我被動了」等等才行。大學弟的話，我聽歸聽，雖有現成應答模式，但我一時說不清心裡的感覺，只是口裡不斷「嗯、嗯」，找不出話來回答。他出了門，我慢慢回味過來，他打我，是無政府主義作祟的結果麼？又過了兩年，一九七一年的秋天，我從鯉魚洲回到學校，同大學弟又到了一起，偶爾相遇，說起話來，他還是把身子湊得很近。這時候的我，身不由己，只是縮了又縮，縮了又縮。

前文說過，周一良先生起初發表在《讀書》雜誌、後來收入《郊叟曝言》的文章〈還想說的話〉，其中提到高海林的「軍師」、「一名歷史系的教師」。此人就是我的這位大學弟。大學弟一九六六年七月貼出大字報，說周先生的考據文章〈乞活考〉是為國民黨出謀劃策，一九六八年還拉著高海林到「牛棚」去逼周先生承認這個「反革命意圖」，周先生始終否認。這件事，直到出了「牛棚」，乃至晚年，周先生也未能釋懷。

正是：

太平莊作都察院　長跪受審，
大學弟上批鬥會　出語如刀！

39「工人毛澤東思想宣傳隊」的簡稱，一九六八年夏與「軍宣隊」同時進駐北京各大專院校，配合「軍宣隊」工作。兩者也合稱「工人解放軍毛澤東思想宣傳隊」。

爛漫山花

一九六八年初秋時節，太平莊的監管忽然鬆弛下來。我到山上澆水，由於水泵的馬力小，水流很細，漫灌一塊地，要用很長時間。我坐在地頭，時近中午，太陽一曬，身上一暖，竟睡著了。不想監管學生上來看見，只說了幾句，沒有像以前那樣大動干戈。慢慢我們發現，監管的學生，換來換去，多半換成了身體不好的人。原來，校內有了大變動：「軍宣隊」進了學校，「校文革」不再當權了；「軍宣隊」對學生要求很嚴，政治活動不准他們缺席，只允許幾個神經衰弱、睡眠不好的人到太平莊休息療養，捎帶執行監管我們的任務。

十月中旬，我們接到命令，連人帶行李，一個不留，都回學校，住進了三院一〇一室。屋裡擺滿了雙層床，我們仍是年長的，像楊人楩、商鴻逵、鄧廣銘、邵循正、周一良、閻文儒、楊濟安、榮天琳、徐華民、陳仲夫住下鋪，其他人如高望之、張注洪、羅榮渠、夏應元、孫機、呂遵諤、謝有實和我住上鋪。楊紹明已經離開「牛棚」，回到他的班級去了。

不久，又送進來一個學生：姚成玉。那時候，天天要寫大字報，紙、墨、筆等，學生宿舍每個房間都有。姚成玉喜歡在報紙上用毛筆寫寫劃劃，一張報紙很快就幾乎塗成了黑顏色，不想有人硬是從那麼多的字中，橫看豎連，找出「打倒江青」四個字來。這張報紙送到「軍宣隊」面前，「軍宣隊」找來姚成玉，當著幾個揭發他的學生，問：「這是誰的字？」姚成玉略看一眼，毫不猶豫地回答：「我寫的。」於是他被人送到三院，加入了我們的隊伍。他是個窮苦人家出身的孩子，根紅苗正，怎麼三言兩語，就變成了「專政對象」？他不服氣，生活、勞動全不按「牛棚」的規矩行事，不像我們個個都有早已練就的一身馴順功夫。一位「工宣隊員」，人很和善，進到屋裡好言安撫他，甚至說出這樣的話：「你在這個地方委曲幾天，有什麼大不了！你出去，有個什麼好？」我們從旁聽過多次，才聽出點門道，原來分屬兩派的學生，此刻還處於嚴重對立的局面，對方抓住姚成玉的，是個過硬的把柄，「軍宣隊」、「工宣隊」也感頭痛，只好把他先行收留，免得事態擴大。至於他寫的那四個字，包括「工宣隊員」在內，誰都沒從嘴裡再說出來——那個年月，誰重複這幾個字，誰就是「現行反革命」——我們聽出這四個字，也是橫連豎連，連在一起，才意會到的。

二〇〇八年出版的《北京大學紀事》一書，在「一九六八年十月十八日」條下，有這樣的記載：

宣傳隊召開萬人大會，鬥爭一名家屬和一名學生（歷史系），說他們是攻擊江青的「現行反革命分子」。當場一人被扭送公安機關，一人交群眾「專政」。

這裡記載的歷史系學生，應當就是姚成玉；所謂交群眾「專政」，就是把他關進三院一〇一室，打到我們一夥裡來。我也是看了這條紀事才知道，姚成玉進來之前，在東操場的萬人大會上遭過批鬥[40]。

話說一九六八年秋，我們還是白天勞動，晚上學習《毛選》、座談「認罪」體會。早飯過後，有人帶領我們到校園的某個地方派活兒，而後由「彙報人」帶領完成，幹到午飯時間，再自行列隊回到三院。下午也是如此。這時的校園真是狼藉不堪。兩個月以前，對立的兩派「新北大」和「井岡山」又一次以武力相見，其規模和水平更遠在春季武鬥之上。雙方有攻有守，斷水、斷電，反斷水、反斷電，鬥起法來，科技含量頗高。兩座學生宿舍之間，四層樓上架設天橋、兩樓之間挖了地道，這些痕跡，當時隨處可見。學生宿舍二十九樓一層南側的門窗，被木板釘得嚴嚴實實——這是防禦性工事；三十七樓樓頂斑斑駁駁，許多屋瓦被揭下，用到強力

40 王學珍、王效挺、黃文一、郭建榮主編：《北京大學紀事》（1898-1997），第七九二—七九三頁，北京大學出版社，二〇〇八年。

彈弓上當了子彈，百米之外的地面上，還散落著屋瓦的碎片——這是攻擊型武器。總而言之，校園裡等著我們去收拾的活兒，永遠幹不完。這時候，沒有學生來監管，也見不到「宣傳隊」的面。我們所住的一〇一室，是一個大房間，在三院南側走廊的盡頭。隔壁一〇二小房間，是看守室，住有一位「工宣隊員」和一個學生。「工宣隊員」似乎只有晚間才來睡覺，房間裡的電話鈴響，常常沒有人接聽。

一天晚間，忽然來了兩個「工宣隊員」和兩名學生，宣佈了兩件事。一是立即交出每人手裡的小剪刀、剃鬚刀片、行李繩和安眠藥；安眠藥存放在看守室，每晚可以按照口服劑量前去領取。二是熄燈之後，房門外面要上鎖，夜裡不許如廁，晚上必須少喝水。次日上午，我們到校園勞動的時候，看到一條嶄新的大標語，每個字都有一平米大小：「吳維能自絕於人民，死有餘辜！」——後來，我從學校的有關檔案中查到，吳維能死於一九六八年十一月四日。由姚成玉挨鬥和吳維能自殺兩件事的日期推算，我們從太平莊回到學校、住進三院的時間，大概在當年的十月中旬。

吳維能，江蘇人，農家子弟，一九五三年與我同時考入北大歷史系。他入學之前，已經有了三、四年的工作經歷，所以年紀要比我們大幾歲。入校後不久的例行健康檢查，發現他有開放性肺結核。他因此休學，所以與我同班學習的時間實際只有兩、三個月。一年以後他復學，比我低了一級，上課也是斷斷續續。後來，歷史系辦公室缺少人手，他乾脆退學，到辦公室當了一名幹部。到我畢業的時候，他已經升任歷史系辦公室的主任。一九五八年，他回了一趟家鄉，返回學校之後，在同事中說了幾句實在話，無非是農田產量不高，公社食堂吃不飽，他父親處於半饑餓狀態等等。一九五九年，彭德懷在上面挨批，吳維能在歷史系也挨了批。這時候，披露出他的家庭成份是「富裕中農」，按照當時的時髦說法，這是他淪為「右傾機會主義分子」的階級根源。「文革」一起，當年主持批判吳維能的許師謙、徐華民，都成了「黑幫分子」，倒台了，挨鬥了，吳維能心有解放之感。既然「黑幫」推行的是修正主義路線，在「路線鬥爭高於一切」的年代，凡受過「黑幫」打壓的，就被反證為代表正確路線，這是當時流行的「政治邏輯學」的基本原理。「歷史系文化革命委員會」成立的時候，順時乘勢，吳維能當了主任。就這樣，半推半就，有推有就，他站到了「文革」的潮頭。身為全系的頭頭，在繁紛幻變的形勢下，他此一刻受「文革」潮水的沖蕩，彼一刻又不免撥弄兩下潮頭。這種狀況，前後大約持續了兩年多的光景。「宣傳隊」進校，時移勢易，校、系「文革委員會」不再當權。「宣傳隊」講的是「徹底革命」，一放下行李，就開展了一場「清理陸平黑班底」的運動，意思是說，陸平時期的幹部，還有沒整出來的，要再清理一次。陸平在歷史系的「黑班底」，該打倒的——許師謙、周一良、徐華民，已經打翻在地兩年有餘了，此時此刻，四下裡一望，「天低吳楚，眼空無物」，只有吳維能「文革」前當過歷史系辦公室主任和黨總支委員，「黑班底」的成員，那就非他莫屬了。於是開始隔離、審查、訊問，「清理」到了吳維能的頭上。他受逼不過，騎上自行車跑到校外，喝了農藥，栽倒在稻田裡。我們「牛鬼蛇神」不知這些內情，從太平莊回到學校後，只想「宣傳隊」是中央派來的，自認出頭應該有日。但是，天天空盼，連「宣傳隊」的面也見不到，直到這個時候才知道，原來他們正忙於「清理黑班底」，哪裡顧得上我們老班底的「牛鬼蛇神」。

跟著，「宣傳隊」來了一個通知，要我們從次日起，改到鍋爐房勞動。一位「工宣隊員」把我們當場分作三班，按照體力強弱搭配，一班八個小時，分班勞動。具體如何幹法，聽鍋爐房的安排。中國北方冬季漫長，室內要有暖氣才可以度過。在北京，每年從十一月十五日，直至次年三月十五日，有四個月是供暖時間。北大校園內有好多個鍋爐房，分區供暖。我們上班的地點在四十四樓對面，是專給男生宿舍供暖的一個鍋爐房。

燒鍋爐，關鍵是掌握火候，控制水溫，這由司爐工負責，我們只是打個下手，當爐前工。房內一排三個臥式「蘭開夏」鍋爐，只燒兩個，一個備用。爐前的地方很窄，只容一輛手推車出入。到該升溫加煤的時候，我們要用三輛雙輪手推車，在屋外用幾分鐘的時間鏟煤上車，然後快速推到爐前，用鍬把煤塊投入爐中。投煤均勻，爐體受熱才能均勻。添煤過後，剩下的就是一些零星活兒，這個時候完全可以坐下聊天。每天的淩晨四時和下午四時，要「起砟」，即把爐內燒煉成塊的煤砟，趁熱分成小塊，從爐中取出。爐門打開以後，動作慢了，煤砟會凝結成大塊，掏不出爐門，耽誤添加新煤。如果這樣，水溫就會降下來，再從低溫重新燒起，那要很長時間，就屬於事故了。取出來的煤砟，鏟到小推車上，一塊塊通紅，這時，我們往往只穿一件單衣，還烤得滿身大汗。把煤砟推到外面，一開鍋爐房的門，迎面就是一股冷風。爐前和室外，十步之遙，溫差要在攝氏四十度以上。「火烤胸前暖，風吹背後寒」。說來不易，就這樣進進出出，冷冷熱熱，我們中間卻很少有人因此患上感冒。

當年的鍋爐房。現今學生宿舍區的綜合服務商店，以前是個鍋爐房，裡面有三台「蘭開夏」臥式鍋爐，冬季為男生宿舍供暖。1968 年冬，我們在這裡當爐前工，沒有人監管，還可以洗澡。這是「牛棚」三年中相對寬鬆的一段。

到鍋爐房勞動，改變了我們的生活方式，也沖淡了「牛棚」的氣氛。日夜三班輪流上工，弄得房間裡總是有人睡覺，有人吃飯，有人洗衣服。「工宣隊員」進屋，看見有人睡覺，也會壓低了聲音說話——他們在工廠裡過的就是「三班倒」的生活，懂得讓人休息，這就弄得監管學生進來，也只好跟著把聲音放低。至於「學習座談」，每週還有，但氣氛已大不如從前了。試想，一個房間裡，這邊有人座談，那邊有人打鼾，還有人端著臉盆出出入入，「牛棚」原有的氣氛自然保持不住。到鍋爐房勞動，還有一個好處，就是下工的時候，可以痛痛快快洗個澡。鍋爐裡有現成的熱水，室內溫度也合適，雖然一個小閣子僅容一人，門縫還時時透進一股風，但我們都能將就。下班洗澡是鍋爐工的待遇和規矩；不洗澡，每個人的身上、耳朵眼兒和頭髮裡，足能抖出半斤煤灰。每天洗澡，又帶動了我們勤換衣服，大家不再像以前那樣邋邋遢遢；再刮刮鬍子，彼此同在「牛棚」兩年有餘，這時相對一視，都覺得對方很有幾分容光。鏡子，幾年都與我們無干了，這個時候，忽然讓人想起了它。此一時刻，我們走路、說話，都自覺增添了幾分「人氣」。

在鍋爐房裡幹了幾個月，到了一九六九年的三月十五日，供暖結束，我們又恢復到先前的狀況。說「恢復」，也不確切。在鍋爐房幹了這一陣兒，外界的消息入耳漸多，聽說外文樓北側「黑幫大院」——就是季羨林先生在《牛棚雜憶》裡所寫的那個「牛棚」——的人都放回本系去了。這可是個重大信息，我們老老少少，都從中嗅到了點什麼，開始不大安分了。我們白天還是照樣在校園裡勞動，晚間照樣學《毛選》、談「認罪」心得，但是，仔細一聽——也許只有我們自己才聽得出來，「認罪」、「改造」等等詞句，還在照說，可發出的聲音以及臉上的表情，都不似從前了，它只是「前序」、「後跋」，中間大段的話，往往就走了調，沒有監管學生在場的時候，我們談得還更隨便一些。有一次，談到「對共產黨的認識」。周一良先生說，一九四八年秋，清華園被圍，他暗自思忖，共產黨來了，大學一定不辦了，教授不能再當了，以後靠什麼過日子呢？他做了多種打算，最不濟的一種是去「蹬三輪」——當時的北平，市內交通工具除了公共汽車、電車之外，就是三輪兒車。蹬一天三輪兒，能掙回三、五斤玉米麵，一家老小，夠喝粥了。周先生說，他當時三十五歲，從郊外清華園蹬車到市中心的東單，還有這個體力。不想共產黨來了，大學不僅照辦，他教授照當，工資還比以前多出幾倍。他的體會是，共產黨重視知識分子，只是自己沒改造好，當了「資產階級反動學術權威」，知識是「封、資、修」的，今天要痛下決心，脫胎換骨徹底改造云云。周先生說的大致不算離譜。

鄧廣銘先生接下來也說這個話題。他說，清華園被圍一個月之後，即一九四八年十二月，他住在城裡。當時北平城全被圍了，與外面斷絕了交通，只有東單操場接連幾天有小型飛機降落。北大校長胡適這個時候已到南京，連續送來信件和名單，凡他單子上有名的，都可以「機到即走」[41]。北大教授，列入名單的不少。中研院的院士，北大文、理、法、農、工、醫六院的院長及名教授，都在名單之上，但是上了飛機的寥寥無幾。鄧先生說：「名單上也開了我的名字，我不走。我是對共產黨有什麼認識嗎？不是！我當時跟朋友說，葉名琛在廣州有兩句話，前一句：『不戰不和不守』——我呢，我不是軍人，言戰、言和、言守，沒有資格，這一句與我無關；後一句『不死不降不走』呢，『不死』——以死相殉，我跟老蔣沒那份兒交情，犯不著為他去死；『不降』——我又不是傅作義，共產黨知道我是誰？我降給人家，人家也不要！『不走』——我選定的就是這一個：不走！」鄧先生引用的這兩句話，是後人對第二次鴉片戰爭時期兩廣總督葉名琛守衛廣州策略的一個概括。葉名琛，曾在咸豐年間擔任兩廣總督，性格自負，好說大話，做起事來，顧頭不顧尾。他命人登上英國船隻追捕逃犯，還下了英國國旗，氣勢十足。等到英國派兵前來報復的時候，他卻沒作足夠的準備，以致城破被俘（一八五八年）。英軍把他帶到香港，又轉到印度加爾各答，讓他朝服頂戴，關在籠子裡供人參觀，據說還賣門票，最後他客死印度。鄧先生引過這兩句話，最後說：「我沒有搭機南飛，不是對共產黨有什麼正確認識，我是做了半個葉名琛。」這次會上，好像有一位「工宣隊員」在場，他聽了鄧先生的話，似懂非懂，但沒有說什麼不是，對鄧先生有飛機不走，反有幾分讚佩的意思。

不久之後，一九六九年四月的一天晚上，校內有線廣播電台在遍佈全校的高音喇叭裡，播出了中共「九大」的公報，毛澤東、林彪分別當選為中共中央主席和副主席。消息還沒播完，遠處就傳來鑼鼓的聲音，隨後，校園裡開始慶祝遊行，一隊接著一隊。我們所住的三院，正當十字路口，走過的遊行隊伍很多。「慶祝『九大』勝利召開！」「毛主席的革命路線勝利萬歲！」口號聲聲貫耳，不斷敲打的鑼鼓就響在窗子外面。兩個小時下來，弄得屋裡的我們，心煩意燥，只有忍耐。我們將近二十人，人人手裡拿著一本《毛選》，都在床上發呆。看來，今晚恐怕不能睡覺了。到了十點鐘，稍有片刻消停，「彙報人」謝有實發話了。他說：「趁現在，大家熄燈睡覺，快點睡著，明天還要幹活勞動！」這時候，離規定的就寢時間還有半個小時。我們說，監管人員回來看見，問起來不好辦。謝有實說：「大家用五分鐘時間躺下，我去關燈。監管人員問起，就說是我關的燈！」我們躺下了，反倒不能很快入睡。忽然門聲一響，電燈亮起來，監管學生大喊：「起來！起來！誰讓你們睡覺了？都穿上衣服！下床！」我們個個穿衣下床。這時候謝有實倒真是一肩全扛起來，他主動報告，是他讓大家提前就寢的。監管學生沒料到還有人出頭承擔這

---

41 王學珍、王效挺、黃文一、郭建榮主編：《北京大學紀事》（1898-1997）（上冊），第三九三頁，北京大學出版社，一九九八年。

件事，更加惱火，大聲喝問：「九大召開，革命群眾歡欣鼓舞，敲鑼打鼓，你們上床睡大覺！是怎麼回事？」謝有實接著話音馬上回答說：「報告！『人民大眾開心之日，就是反革命分子難受之時。』[42]我們不敢跟革命群眾一樣高興！」謝有實引用的，是毛澤東的一句「語錄」。「語錄」那個時候具有無上的威力，監管學生讓謝有實這話噎住，一時竟無從答對。他只好訓斥了幾句，看了看手錶，說：「現在可以就寢了！」自己找個台階，結束了這場鬧劇。

將近三年的「牛棚」生活中，我們從不敢跟監管學生頂撞半句，不想謝有實今天頂了、撞了，還化險為夷、得勝回營了。他順口搬出毛主席的語錄，很像《封神榜》裡的兩神鬥法。他本屬一方妖魔，忽然祭起一件法寶，竟讓對方天神不敵，逃之夭夭。這是「牛棚」中少有的幽默，而且是「牛鬼蛇神」幽了監管學生一默。

謝有實說「人民大眾開心之日，就是反革命分子難受之時」，這句話，正碰到我心裡上下翻滾的隱痛。「九大」結束，廣播了新當選的政治局委員名單，其中有江青的名字。此前她是「中央文革小組」的副組長，雖然權傾朝野、炙手可熱已近三年，我還一直保留著一個想法，以為「文革小組」總歸是一個臨時性機構，「文革」過去之後，也許會有什麼變化，因此心裡老是存有這樣一個盼頭，這也是我掙扎度日的支撐。如今，江青當選為中央政治局委員了，這可是一個權威而穩定的職位，我的出頭之日，恐怕無望了。「時日曷喪，吾與汝偕亡！」深藏在心底的這個聲音，只有我自己時時聽到。

從太平莊轉監北大的時候，我曾給家裡寫過一封信，告知我的新址，通知家裡寄送糧票，需由北大歷史系轉交。此後好幾個月，再沒有寫過信。這個時候我想，家裡必然掛念，總要找個理由，通一封信才好。不想，寫這封信，又惹出一場禍來。

當時的規定是，我們與外界通信，寫好之後要送交監管人員審讀，通過之後，再拿回來，把信裝入信封，糊上信封口，再貼郵票寄出。我這回寫的內容是，以後每月多寄二斤糧票——這個理由很正當，不會被駁回。果然，審查通過。我拿起信，回到我們住的大房間，在空白之處加寫了一行：「此間一切尚好。待到山花爛漫之時，或可相見也」。所謂「山花爛漫之時」，那是指一個時段，在北京，四月、五月、六月都可以。我的意思讓家裡放心。不過，貼郵票、封信口，還得到監管人員住的屋子裡去借漿糊。那個時候，我們除了肥皂、牙膏之外，沒有任何生活日用品，當然也沒有漿糊，只有吸煙的人，身上多一包香煙和一盒火柴罷了。

說到吸煙，按下前文，先嘮叨幾句「牛棚」裡的香煙。「牛鬼蛇神」只准許抽

42 中共中央文獻研究室編：《建國以來毛澤東文稿》，第五冊，第一七三頁，中央文獻出版社，一九九一年。

最低檔的濫煙。高望之抽的，常是一種只用白紙包裝、七分錢一包、沒有牌子的煙，偶爾才買一包一毛一分錢的「綠葉」。謝有實、呂遵諤乾脆改抽煙葉了——呂遵諤把煙葉搓碎，裝在煙斗裡抽；謝有實自己用薄紙捲起烤乾的煙葉，當紙煙抽。他捲煙的技術很好，輕輕一捲，就像北方人包餃子——薄皮兒大餡兒。身在「牛棚」的我們，能幹什麼呢？除去勞動、聽訓、吃飯和睡覺，只剩下一件事了：手捧《毛選》，趺坐如儀。只有擺出這種身姿才是被允許的，儘管心中各有所思。每當這個時候，呂、謝二人裝煙、捲煙，難免撩起我們的一股羨慕之心，讓我們覺得，他們兩手可以自由地活動一下，也是一種難得的調劑。邵循正、楊人楩兩位，以前是只抽「大中華」或「大前門」的人，那要三、四毛錢一包；進了「牛棚」，不能不降格，降到「綠葉」了。時間一長，我們發現，楊先生如果先把手放到桌子下面，再摸出一支煙放到嘴裡，那準是「恒大」——兩毛五分錢一包的，可包裝仍是「綠葉」。他既要避開監管學生，又要提防我們當中告密者的眼睛。

回過頭來還說漿糊。那時候，我們的工資都被扣發了，每人每月只給十二元生活費，剛夠吃飯而已，肥皂、牙膏都要節省使用，誰還去買三個月、兩個月才用一次的漿糊？好在監管人員屋裡有一瓶公家的漿糊，誰去借用，倒還痛快。因此緣故，我才敢去冒這個風險——還好，那天的一切，都是事遂人願。我把信封好，外出勞動走過郵筒的時候，喊了報告，得到允許，走出隊列，把信投到了郵筒裡。我心中得意，做成了一件想做的事。

過了幾天，監管學生喊我出去，沒說二話，就把我扭送到第二教室樓的一個大階梯教室。屋裡坐滿了人，一看就明白這是一場批鬥會。踉踉蹌蹌，我被拉到了黑板前面。儘管「工宣隊」早先宣佈過，對「黑幫」也不能再用肉刑，只許「文鬥」，今天照舊還是「噴氣式」。我此刻納悶，批鬥三年了，還有什麼可批可鬥的？主持人開宗明義點出主題：「批判反革命分子郝斌妄圖變天大會，現在開始！」我聽了更加糊塗。有人走上台，拿出一張紙，說：「這是反革命分子郝斌背著監管人員給他狗婆娘寫的一封黑信！他妄圖『山花爛漫時，她在叢中笑』。郝斌你聽著！我們告訴你，革命群眾要把你永遠打翻在地，再踏上一隻腳！翻天，那是你白日做夢！」我這才知道，是我那封家信落在他們手裡了。可那封信，我投進了郵筒裡明明沒有差誤，怎麼會出了閃失呢？莫非家裡出了什麼事嗎？

當時的心思，暫且不表。然而，「山花爛漫」只是一種借喻，借景物漫指一個時間段，語義明確，何以竟同政治性的「變天思想」搭上了關係？說來要費許多口舌。一要知道毛澤東的一闋詞〈卜算子・詠梅〉，二要從語義學角度，瞭解「文革」期間的「語義場」所製造出來的某種特定含義，並把這兩者聯繫在一起，才會明白，「山花爛漫」與「變天思想」之間，確乎有一層關係存在。

毛澤東的詞，又從陸游的〈卜算子・詠梅〉唱和而來。陸游原詞的後半闋是這樣的：

無意苦爭春，
一任群芳妒；
零落成泥碾作塵，
只有香如故。

毛澤東唱和陸游，另有一番見地。他認為，陸游的詞，格調太過消極，他要「反其意而用之」，於是寫成：

俏也不爭春，
只把春來報；
待到山花爛漫時，
她在叢中笑！

您看，讀起來果然意境不同，纏綿低沉的氣息一掃而盡。

「文革」期間，毛澤東所有的詩詞，都由作曲家譜成樂曲，廣泛傳唱。〈卜算子・詠梅〉也有很悅耳的曲調，因此，它的詞句，至少在城市裡，幾乎人人耳熟能詳。此外——這就要說到「待到山花爛漫時，她在叢中笑」的「語義場」了——在

「文革」那個熱氣騰騰的年代，對這句話只能有如下一種解釋：革命勝利了！大家歡呼吧！而報春者自己卻沒有一點點張揚。於是，「山花浪漫時」，就成了「勝利」的同義語。而郝斌呢，郝斌是「黑幫」，他說「山花爛漫時」，不就是他也要「勝利」嗎？那不是「變天思想」，又是什麼？

語言，本屬一種工具，一般說來，語詞不會為某一人群或社會階層所專有，但在特定的時代、場合，會有例外。這種現象，古今中外，都不乏其例。而離開了當時的「語義場」，例如「文革」結束四十多年後的現在，弄得人們，特別是沒有經歷過那個時代的人，倒要花費好大一番氣力，才能明白它的特定含義。

話說當時的我正在擔心家裡出事之際，批鬥者順口一句話，道出了事情的原委。原來，那封信是郵局投遞無主，退回來了——退到了監管人員手裡。他們拆開看看，那是當然的「權力」，於是，我的一句「黑話」，就這樣被他們發現了。批鬥會結束的時候，主持者拿起信，對大家說：「這是他的信，我們現在還給他！」我真是哭不得，笑不得。那言下之意，通信是我的權利，要給予我應有的保障，他們沒幹任何不法之事。

拿回信來，反覆察看之後，我不由得自怨自艾起來，原來是我寫錯了地址，無端的一場批鬥，全由自己招惹而來。

「文革」前，我家住在北京東城「米市大街西總布胡同二十八號」。「文革」

興起，地名之中凡有「四舊」色彩的，首先廢除，而代之以「革命化」的名稱，如「魏公村」改成「為公村」等等。此後，中性的地名，也因沒有「革命化」氣息，又改過一遍。我住的「米市大街」，在改名風中被改為「瑞金路」——江西省瑞金縣，在紅軍長征前，曾是中華蘇維埃共和國中央政府的所在地，比起含有商業氣息的「米市」，顯得格外革命化。大街名字改了，那麼，大街兩側的各條胡同呢？於是，史家胡同、乾麵胡同、金魚胡同、煤渣胡同、東堂子胡同、外交部街、新開路等等，一律按順序改為「瑞金路×條」。排到我住的西總布胡同，就是「瑞金路八條」，門牌也由「二十八號」改為「五十一號」了。我的錯誤是，寫了新的地名「瑞金路八條」，卻用了舊的門牌「二十八號」，因此，信上「查無此人，退回」的印章一蓋，就弄出這場風波來。

一九六九年，我從「牛棚」裡放出，第一次回家，從動物園公交車站蹬上十一路（現在的一一一路）無軌電車，售票員兩次問我哪一站下車，我兩次回答「一毛五分」，弄得人家生起疑來，因為到達終點崇文門，要買兩毛錢的票才行，而我該下車的地方原叫「米市大街」或「大華電影院」，景象全在眼前，可嘴裡就是喊不出它的站名。

後來，很熟的朋友不時拿「山花爛漫」來調侃我。我的一位老同學張仁忠告訴我，他在會場上聽到這句「黑話」之後，產生的卻是釋然之感。他說，他由此倒是

西總布胡同 51 號。「文革」初期，改換地名一時成風，「西總布胡同」被認為不夠革命化，改為「瑞金路八條」，門牌號碼也隨之變化，可我沒有記住，寫信回家，用了舊門牌。信退回來，落在監管學生手裡，惹來一場批鬥。

現今北京市無軌電車 111 路米市大街站的站牌。「文革」之前，這條線叫 11 路。我每次從學校回家，都從這裡下車。關了幾年，我從「牛棚」放出回家，從起點站上車買票，竟報不出「米市大街」這個站名，弄得售票員疑我逃票。

得知，他的同窗郝某被關了三年，精神還沒被壓垮——其實，信要是能送到家裡，我想傳遞的，也正是這個信息。

正是：

說山花爛漫　成變天思想，
問家門何處　竟白日淒迷！

鄧廣銘四兩撥千斤

大概在一九六九年的五月底或六月初，一早剛剛起床，一位「工宣隊員」來到關押我們的三院一〇一室，對楊人楩先生說：「你可以回家了，現在就收拾行李！」這是我們早就盼望的一句話，如今聽到了，又感覺有點突然。我們人人血流加快——楊先生可以出去，那不就是給了我們一星星希望的光亮麼？

我不知道楊先生此刻有什麼感受，但見他手忙腳亂。總共就是行李、《毛選》和那麼幾件生活用品，他卻收拾了這件，丟掉了那件。還是高望之上去幫忙，才把行李打包起來。楊先生沒忘記把他沒抽完的半包香煙順手塞給高望之，那個動作，倒是十分麻利。那時，凡家住北大的人，每月都被允許回家取糧票。那大半年裡，楊先生凡有機會回家，都把手裡剩下的香煙留給高望之。行李收拾好，「工宣隊員」領著楊先生到了隔壁看守室。留在屋裡的我們，一個個床上趺坐，大氣不喘，卻能聽到彼此的呼吸；目光碰到一起，都很快避開，心裡真是一種說不出的滋味。這時候，隔壁忽然傳來楊先生的聲音：「感謝偉大領袖毛主席！毛主席萬歲！萬歲！萬萬歲！」原來那間屋的牆壁上，有一幅毛澤東的掛像，想必是「工宣隊員」同楊先生說了什麼，要他走前有個表示。

隔了一天，邵循正先生也放出去了。他同樣先被領到隔壁。原來，這是必有的一個「出棚儀式」。不過，邵先生平日講課、說話，聲音就很低，坐在後排的人，聽見前半句，聽不見後半句。此刻，我們聽到他喊了一遍，又喊了一遍，可能「工宣隊員」嫌他第一遍感激之情表達得不夠。第二遍，確比他平日說話的聲音略高了一點，才算禮成走人。

邵先生放出之後，希望之火在我們心裡燒得更旺。有點空閒，大家都會悄沒聲地收拾一下零碎物品。膽大的謝有實，不掩飾他急切回家的心情，還刮了鬍子。那個時候，塑料製品，只有男女涼鞋，還沒有塑料口袋之類。因此，我們每個人都不再洗衣服了，免得衣服沒晾乾，萬一「工宣隊員」推門進來喊出我們誰的名字，濕衣服沒地方放，行李不好打包。洗臉的時候，也不再打濕毛巾，擦一擦就行了。我們還仔細琢磨，放出去的楊、邵二位，他們頭上都只有一頂「帽子」：「資產階級反動學術權威」，本人的歷史、經歷上沒有什麼瑕疵，大概屬於「罪行」最輕的。那麼下一個，誰是次輕的？該放誰了呢？我們心裡不時在揣摩，彼此間甚至還會悄悄開個玩笑：「下一個是你了！」有人對我這樣說過，我聽了也很動心，真覺得下一個該是我了。接下來幾天放得很快，有時候兩、三個人一塊出去。出去的人，行過「出棚禮」，再回房間來拿行李，臨出門的時候，對留下的人會回過頭來多看一眼。這一眼，是安慰？是同情？還是明天「棚」外相見——說不清楚。留下的，已經是很少幾個人了。一〇一室，一個挺大的房間，我們住進來的時候，雙層床一張挨著一張，兩床之間，僅容一膝還要側行才能出入，如今，再沒有擁塞、壓迫之感，反倒顯得有點空蕩了。

三院的「牛棚」及看守室，走廊的盡頭101室，是關押歷史系「牛鬼蛇神」的最後一個「牛棚」。右側102室是看守室。1969年夏，放出「牛棚」的人，要依次到102室舉行「出棚式」。鄧廣銘先生和我，是僅有的兩個沒有行過「出棚式」的人。

「牛鬼蛇神」一個一個放出去，最後剩下的是鄧廣銘先生和我兩人。我們接到通知，搬到三十八樓去住。

三十八樓當時是歷史系的男生宿舍，滿樓住的都是學生，插進我們兩個教員，以「牛鬼蛇神」之身，從「牛棚」遷入革命小將居留之地，不出三、兩天，學生個個都知道了。這個時候，既不叫我們勞動，也不讓我們參加任何會議。兩個人坐在屋裡，除了學《毛選》，還是學《毛選》。再沒有專人來看管我們了，這是一大變化。但這裡另成一種監督氣氛，我們也時時感受得到——只要邁出房門，就會把自己置於眾目之下。因此，除非萬不得已，如上廁所、買飯，我們都不願走出房間一步。早晨，到盥漱室洗臉，寧願端回一盆水來，洗完再倒出去，盡量避免與學生擠在一起。要洗衣服，也等盥漱室裡人最少的時候才去。開飯了，我去食堂買飯，鄧先生常常要我代買。到這個時候，就是買個「甲菜」，也沒有人過問了。學校食堂，當時以價格的高低，把菜分為甲、乙、丙三等，「甲菜」最貴，大約兩毛五。在此之前，「牛鬼蛇神」只許買「丙菜」，每個一毛錢或八分錢。如今買菜不受管制，這是一大鬆動。從此之後，鄧先生也就多半要吃「甲菜」。

樓道裡很髒，到處都是垃圾。早晨，我打掃完房間，順便掃掃門口的左右兩邊，有的學生見了，會說：「算了，掃不完的！」我們慢慢感到，周圍的學生，沒有三年以前的那種敵意了。在盥漱室洗衣服的時候，若是只有兩、三個人，有的學生還會跟我很隨便地聊天。最高一班的學生，一九六一年入校，臨畢業前一個多月[43]，「文革」開始了，從此學校裡一切停擺，他們的畢業、就業，都跟著耽延下來。到我搬進三十八樓，他們在學校裡已經待了八年，就是讀個研究生，也該畢業了。一位一九六一年入學的學生跟我說，他的家庭經濟狀況還算可以，可有從農村貧困家庭出來的，父母早已盼望他們掙錢養家，家信催問不斷，他們怎麼解釋也說不清楚，父母甚至懷疑出了什麼問題，反為孩子擔起一份心來。這是高年級的學生。低年級的呢，一九六五年入學，此後只上過一個學年的課，而且也是從村頭到地頭，沒得到過一張安靜的書桌。此刻回想起來，大學四年級快結束了，才知道沒學到什麼東西，「猛見陌頭楊柳色」的心情，溢於言表。總而言之，學生之中，對「文革」運動的厭倦，已成一種普遍症候。談起這個話題的時候，他們毫不掩飾，不滿的言語甚至涉及高層，還有人高聲開罵。我在一旁聽了，弄得不知如何應對。

我和鄧先生被置於眾目之下，時間一長，能感覺到，學生對我們，很有幾分憐憫或同情，我們住在這裡，不必太過緊張。

有形的監管明顯鬆弛，另一根無形的繩索卻緊勒起來——「清理階級隊伍」，即「清隊」的「政策攻心」，一波接著一波，攻得人坐臥不寧，一直攻到我們的房間裡。

那時節，遲群、謝靜宜[44]以「軍宣隊」身份「進駐」北大、清華，「佔領上層建築領域」。這都是當時的慣用語，大會小會上都這樣說，報紙社論裡也都這樣寫——如今四十多年過去，人們都冷靜下來了，未免會感到好笑：北大、清華，像是異國他邦，不然何需去「佔領」和「進駐」呢？一個學校，就該打鐘上課，打鐘下課，幹什麼下令讓身穿軍裝的人，去「佔領」和「進駐」呢？「軍宣隊」來了之

43 當時北大歷史系的學制為五年。
44 遲群，來北大前任中共中央警衛團八四三一部隊宣傳科副科長，到北大後任革委會副主任；謝靜宜，來北大前任毛澤東的機要秘書，到北大後任革委會副主任。革委會主任由別人掛名，遲、謝執掌實權。

後，第一要務是「清隊」，即清理出隱藏在教職工隊伍裡的「叛徒」、「特務」、「反革命分子」。至於「走資派」，那已經是禿子頭上的蝨子，明擺在那兒，只待隨時處理罷了。而清理隱蔽的敵人，與對付待明火執仗的「走資派」大有不同，「軍宣隊」說，要去「深挖」才行。

遲群、謝靜宜在這方面有一個得意之作，據說獲得了上面的首肯，作為經驗，行文全國，予以推廣。這個得意之作，當時有個名稱：「體現寬嚴政策、實行政策攻心」。在北大的具體作法就是：東操場上舉行全校教職工大會，幾千出席者，各帶自己的小板凳，按所在的系、所等單位，列隊前往，整齊入座。大會的第一個程序是「從寬」，即某人走上台來，當眾坦白說，自己參加過「中統」、「軍統」之類，什麼時間，什麼地點，幹過什麼壞事等等，右一樁、左一樁，過去隱瞞多年，還得到「走資派」的包庇、重用，如今在中央派來的「軍宣隊」「政策感召之下」，經過激烈的思想鬥爭，痛下決心，「竹筒倒豆子」，一點不留，全交代出來，說到這裡甚至語帶嗚咽。有的還要妻兒老小一同登台，「重演」一遍在家裡如何勸夫、勸親，幾經反覆，最後選擇坦白自首，走上光明大道的一幕。會說的不如會聽的，坐在台下的我們，誰不明白這是事前導演、甚至排練過的？例如，還在讀小學的幼子、幼女會對爸爸說：「你交代了，才是我的好爸爸！你不交代，我就不認你作爸爸！」爸爸說，聽了這話，心中大慟，接著隱瞞下去，如何面對妻小？於是痛下決心，才有了今天大會上的一幕。而那些勸父、勸親的幼子、幼女，他們的動力又是來自何方？小朋友說道，這是廣播、社論、「軍宣隊」反覆宣傳的政策告訴他們的——至此，借用小朋友之口，點出第一動力的所在，露出遲、謝編導這齣戲劇的用心。台下的人聽起來，情節很完整，還富有戲劇性。

坦白者的話音一落，「軍宣隊」的負責人即登台講話。他對坦白者給予肯定，並以事先準備好的決定書形式，鄭重宣讀，坦白者的罪行已經交代清楚，根據「坦白從寬」的政策，決定免予追究，如此這般等等。正在一旁低頭待罪的坦白者，被允許走下台來，徑直回到本單位的「革命群眾」之中，隊伍裡還會迎以掌聲，從此，他就成為「人民的一員」了——這叫做「政策當場兌現」。

「文革」初起，哄哄亂亂之際，「牛鬼蛇神」被人隨便給以拳腳、吐口水、揪頭髮，受盡了人身的污辱。如今，遲群、謝靜宜以「從毛主席身邊派來」者的身份，導演出這樣一齣正劇，雖沒有動粗動武，施展的卻是不折不扣的人格污辱！多年以後澄清的事實表明，坦白者所說的那些情節，竟全是子虛烏有！細說起來，他們個個先被逼到走投無路，直到生死一線之際，眼前忽地現出家庭團圓依舊、差事薪水可保這樣「寬大」的一途，兩相對比，誰不心生柳暗花明之感？「寬嚴大會」一個月裡連開了四次。在這一個多月的時間裡，竟然清出「叛徒」三人，「特務」五十五人（其中「潛伏特務」就有十七人之多），「歷史反革命分子」二十一人，

「現行反革命分子」九人，「地主」、「富農」、「壞分子」十四人[45]，以上各項加起來共有一百零二人之多——掐指一算，這個數字，又抵得上聶元梓的半個「牛棚」！遲群、謝靜宜要演的這一齣，固然是叫做「政策的偉大感召力」，可是「上有好者」的責任亦不可不論。今天說起此事，誰也不能過多責難坦白者的不實。如若拋開上面的好者和遲、謝的幫襯，那就混淆了原生、衍生的關係。主從不分，無異於讓坦白者二次受辱，那樣如何能夠正確地總結歷史教訓？

接下來，還有「從嚴」的一齣。被「從寬」的坦白者走下台來，入座甫定，台上一聲高喊：「把反革命分子×××押上來！」被押者此刻甚至還在懵懂之中，就被身邊早有準備的兩個年輕人各扭一臂，押到台上。接著，是被押者所在單位的「代表」登台，歷數他某年月日各有什麼「罪行」等等，言之鑿鑿，由不得你不信。「軍宣隊」負責人跟著再以書面決定方式鄭重宣讀，根據「抗拒從嚴」的政策，×××至今拒不交代，決定給予「從嚴處理」。一聲「從嚴」，從東操場入口處開進一輛吉普車來，一直開到台下，身著警裝的人，把被「從嚴處理」者當眾上銬，推上吉普車，一溜煙開走了。此時台上通過高音喇叭高呼口號：「頑固到底，死路一條！」全場回應。這樣一場對比性極強的演出，就是遲群、謝靜宜他們所追求的舞台效果。此時「軍宣隊」負責人再次講話：「現在坐在群眾當中應該從嚴的對象，不是一個、兩個、十個、八個。但是為了執行『坦白從寬』的政策，今天就拿出一個『典型』，做個參考。對你們有參考價值，回去就向『宣傳隊』竹筒倒豆子，老實交代問題，免得走上絕路！」[46]接著，他補一句：「下一次『寬嚴大會』的時間，等候通知！」話語不多，極具威懾力量。

中文系副教授章廷謙，筆名川島，是魯迅的朋友，平素為人平和謙虛，這時，被指為「國民黨區分部委員」，沒有證據，竟也「從嚴處理」，「管制」了好幾年。東語系一位娶有日本妻子的台灣籍講師陳信德，被戴上「日本特務」的帽子，「從嚴處理」，當場拉走，投入監獄。待到「文革」結束，一九七八年各種冤假錯案昭雪之時，陳信德在山西勞改隊中早已瘐死多年。他的夫人美鶴傷心至極，帶領女兒移居日本，並在琵琶湖附近為自己置買了墓地，旁邊也為丈夫樹立了墓碑。丈夫的墓穴空置多年，她終是於心不甘。一九九六年三月，她要女兒陳昭宜回來尋找爸爸的屍骨，費盡周折，總算在山西省陽城縣的荒地裡尋找到了。原來當地的習俗是，誰把死者草草埋葬，誰會不得好報。陳信德過世了，當地一沒有火葬條件，二沒有人能夠出錢替他購買棺木，因此，勞改隊的工作人員就用一口大甕把他的屍骨

45 王學珍、王效挺、黃文一、郭建榮主編：《北京大學紀事》（1898-1997）（下冊），第六八三頁，北京大學出版社，一九九八年。

46 王學珍、王效挺、黃文一、郭建榮主編：《北京大學紀事》（1898-1997），第八〇二頁，北京大學出版社，二〇〇八年。

裝了，單埋一處。後來墳地改成石灰廠，幾年之後又擴廠平地，不小心動了缸甕。是廠長將屍骨用石灰袋層層裹好，另擇一處埋了。他是個有心之人，不忘在墳旁栽下一棵樹，以為記號，待人來認。果然有一天，他領了陳信德的女兒陳昭宜，親到埋葬地，破土相認。陳昭宜再攜帶骨灰，回到仙台，最後總算讓父親的塋穴不空。而今，陳信德夫人也過世了，得與丈夫同葬一處，總算了卻多年的心願。可在那個時候，對大權在握的遲群、謝靜宜來說，開一個「政策兌現寬嚴大會」算得了什麼，無非是「有棗三竿打，無棗打三竿」罷了；可對被打者來說，打到誰家頭上，輕則是受罪數載，重則落個家破人亡！

偏在這個時節，歷史系「軍宣隊」的隊長高松栓推門進了我們的房間。他就像沒看見我，坐下來面對鄧先生說：「鄧廣銘！你是不是還有沒交代的問題？寬嚴大會之前，還是你的機會！」說完這個話，抬起屁股走了。隔了三天，這位高隊長又推門進屋，還是同樣一句話，說完又抬起屁股走了。如此兩來兩問，鄧先生好像也不能不為所動。他沉默了。我在一旁看了，也覺得事情嚴重，替鄧先生捏一把汗。到食堂替他挑個適口的「甲菜」，是我唯一能做的事了。

又隔兩天，高隊長第三次進屋，還沒有開口，鄧先生倒先說話了：「我有問題要交代！」依照常理，這個時候，高隊長應當讓我迴避走開，或是把鄧先生領到另一房間單獨交談才對。不想，他視我如同無物，並不叫我迴避，反而伸手掏出筆記

日本琵琶湖畔的陳信德墓地。陳信德，北大東語系講師，娶有日本妻子，「文革」時期被誣指為「日本特務」遭逮捕，瘐死獄中。「文革」結束後，其妻攜女返日，在琵琶湖畔為他購地置墓，是為空塋。1996 年，女兒陳昭宜從山西省陽城縣尋回父親屍骨，才得歸葬入塋。（陳昭宜提供）

本來就記，聽不清的地方還讓鄧先生重複，這樣的重複，不只一次。我呢？我先想到的是自己。此情此狀，足已表明我不是這次「清隊」的目標，這一點可以確定無疑；但是，高隊長不讓我迴避，也就是說，他不擔心我把事情洩漏出去，這又表明什麼呢？哦！是了，一時半會兒我還不能指望出去——心裡雖然這樣想，我的耳朵還是豎起來聽。只聽鄧先生說，他參加過一個黨派，叫做「獨立黨」，黨魁是胡適；他領過黨證，○○一號，不過黨證早就丟了；「獨立黨」還有機關報，叫做《獨立評論》，出過好多期。

高隊長還要順藤摸瓜，問這問那。鄧先生說，這已經是「竹筒倒豆子」了。高隊長遂以從未曾有過的和緩語氣說：「好，再想起什麼，可以隨時找我！」說完，合上本子走了。在部隊裡，高隊長是一位營級幹部，做事相當沉穩老練，不像年輕戰士那樣毛手毛腳。不過，今天，他臉上也掛起一點兒收穫的喜悅。

高隊長走了，我有點沉悶，只能找別的話頭來搭訕。鄧先生卻一如平常，又同我聊起天來。

在此之前，我們同處一室已經一個多月。日子怎麼過的呢？手頭除一部《毛澤東選集》之外，再沒有什麼書可讀，也沒有報紙可看，不允許我們晝寢，我們又不願枯坐，剩下來，就只有手捧《毛選》，相對聊天了。那一年，鄧先生六十二歲，我三十五歲，他治史閱世的年頭，比我的歲數還多。他對人、對事常有自己的

看法，記憶力又極好，天南地北，不管說到什麼話題，就像現在上網搜索一樣，能鏈接出許許多多相關的人和事來；我聽起來，苦中作樂，興味無窮。在這樣一個環境裡能同鄧先生相與一室，不僅心境舒緩下來，還增長了不少見識。有一次，不知為什麼提到施蟄存，我問鄧先生，三十年代他為什麼同施有那一場筆墨官司，弄得魯迅殺出來助陣。鄧先生說，那是他當學生的時候，見施蟄存對一段引文的解釋有錯誤，就撰文糾正他，施蟄存硬不認賬。鄧先生說，他與魯迅並不相識，是魯迅自己殺出來指責施蟄存的。魯迅說，那個青年人給你指出來的，全是硬傷，用語很挖苦，把施蟄存說得體無完膚。我們還聊到林語堂的《子見南子》。三十年代，濟南城的一個中學裡，學生排演了林語堂的這部話劇，劇本一反中國幾千年的傳統觀念，把至聖先師孔夫子描繪成一個登徒子式的好色之徒。對這種大膽的描寫，反對舊禮教的青年觀眾覺得新鮮，反響熱烈。可是，山東的「聖裔」很多，爭論最後變成了一場官司，層層上告，一直打到南京，弄得「聖裔」之中最顯赫的人物孔祥熙也站出來說話。鄧先生當時正在濟南，他給我講出好多好多細節，很有意思。這些事情，我此前在《魯迅全集》的注釋中看到過，多少記得一些，同鄧先生談起這類話題來，還能湊上幾句，鄧先生也就很有談興。這樣的聊天，只有三十八樓兩人一室的特殊環境，才得能夠，無論太平莊，無論三院，統統沒有這種可能；而到「文革」結束之後，各自要做自己的事，就更沒了這種時間和機會。現在回想起來，另成了一番回味。

書歸正傳。鄧先生向「軍宣隊」的交代，我初聽之下，心裡一震，聽到後面，簡直是滿頭霧水。鄧先生說的是實情嗎？打從清末中國出現政黨以來，掐著指頭數，不論斤兩，只算個頭兒，加在一起，不過一、二十個，這個「獨立黨」，可從來沒聽說過呀！再說，胡適組的黨，該是有案可查的呀——再一想，胡適，他是個「不黨」的人物！現成的黨他都不參加，居然會去自己組黨，還當黨魁？《獨立評論》，倒是有這麼一個雜誌，到圖書館就能查到。那是一個週刊，在三十年代，由胡適、傅斯年、丁文江、翁文灝、蔣廷黼等人共同出資，輪流主編，是一個同人刊物，抗戰興起，才停刊不辦了。只要研究民

▲鄧先生將畢生功力花在宋史研究上，《鄧廣銘全集》是他過世之後出版的全集，裡面有他回憶「文革」遭遇的文字。

◀鄧廣銘，北大歷史系教授。胡適擔任北大校長期間，他在校長室幫忙。因有這層關係，二十世紀五十年代批判胡適之時，格外動員他出場，他硬是挨過來了。後來他說，批胡適，我沒寫一個字，這輩子都覺得心地坦蕩。

國政治思想史，這是必看的一套雜誌──總而言之，鄧先生同高隊長說的，聽起來有鼻子有眼，可這都是哪兒對的哪兒啊！

鄧先生與胡適，確有一層關係，那是抗戰勝利以後的事。

北大從雲南復員回到北平，傅斯年任代理校長，一九四六年五月，傅斯年剛剛到校視事，頭緒龐雜。這時候鄧先生也到了北平，第二天，即去拜望老師、鄉長傅斯年。鄧先生回憶說：「他見了我，什麼話也沒說，便讓工友搬了張桌子來，道：『我現在忙亂得很，沒有人幫忙，你來了正好幫我的忙。』」[47]鄧先生也沒說二話，就坐在這張桌子前辦起事來。這是一個兼職不兼薪的差事，連個名份也沒有，來辦事的人，出於禮貌，稱呼他「鄧秘書」，他不置可否。校長胡適九月份到校上任，傅斯年騰出身來要去南京了。行前傅斯年對鄧先生說：「我代理校長，你幫了不少忙，胡先生回來當校長，你還得幫他的忙。不能馬上丟開校長室的工作不做。」[48]鄧先生唯唯。他跟以前一樣，還是師命謹從。說起來，傅斯年是鄧先生的老師，胡適還是傅斯年的老師，當然更是鄧先生的長輩。鄧先生沒有二話，在校長辦公室的那把椅子上接著坐了下來。話說到了五十年代，我聽鄧先生講課的時候，口耳相傳，他的這把椅子，已經定格，成為「胡適的秘書」了。而「胡適」這兩個字呢，一九四九年以後，含義不斷豐富，「反動」色彩一天濃似一天；身為「胡適的秘書」，似乎是胡適的所作所為，鄧先生至少得知道個七成、八成。因此一有

「運動」到來，凡涉及胡適，他就有壓力。不過，前幾個回合，都被鄧先生挨過去了。從他女兒鄧可蘊如下的一段回憶文字中，我們可見一個大概：

一九五七年支部找我談話，讓我去做爸爸的工作，要他寫文章批判胡適。當時爸爸苦笑著對我說：「他們（指報刊上刊出批胡適的文章）批判的胡先生的那些觀點，我恰恰認為都是對的！我寫什麼？我不能胡說啊。」爸爸以他對胡適先生的瞭解和崇敬，以他的耿直性格和人品良知，就將那滅頂的壓力全擔當下來了。直到90年代，他幾次對我說：「（批判胡先生）我沒寫一個字，這輩子都覺得心地坦蕩。」[49]

儘管如此，胡適的影子，一直跟在鄧先生身後沒散。這回「牛棚」裡所有的老教授都放了出去，獨獨他一人被扣下，「軍宣隊」的疑點，依舊聚焦在他與胡適的關係上，這是不言自明的事。除此以外，鄧先生身上還有什麼瑕疵可疑呢？

---

47 鄧廣銘：〈回憶我的老師傅斯年先生〉，見《鄧廣銘全集》第十卷，第三〇四頁，河北教育出版社，二〇〇五年。

48 鄧廣銘：〈回憶我的老師傅斯年先生〉，見《鄧廣銘全集》第十卷，第三〇五頁，河北教育出版社，二〇〇五年。

49 張世林主編：《想念鄧廣銘》，第三十八—三十九頁，新世界出版社，二〇一二年。

鄧先生向「軍宣隊」交代「獨立黨」的情狀，一如上述。當時的在場者，只有我們三個人。何以會有這樣一幕戲劇性的演出呢？最有解釋權的當然是鄧先生，他已經作古遠行了；軍宣隊高隊長，現在不知他的去向，何況他當時是在完成一項任務，難免會有局限，另以文化程度和人生閱歷來說，恐怕重提此事，他也難於作出什麼解釋。我呢？後來總想向鄧先生當面一問，話幾次到了嘴邊，又總沒有開口。如今寫到這裡，真是後悔。我相信，鄧先生出此一招，必有他的考慮。我以目擊者的身份，提供如上事實，也試圖作一點解釋。瞭解鄧先生為人、性格的前輩、親人很多，他們定可以作出合乎情理的解釋。對鄧先生瞭解不多的讀者，就當多聽一個故事吧。

命運操諸人手，不能全聽擺佈，這是鄧先生的總路線。殘酷的「從嚴」路，人為刀俎，我為魚肉，那樣的事，以鄧先生的性格，他斷不會接受，他不是那種引頸就戮的人；戲劇性的「從寬」路，人格忍受屈辱，那更不是鄧先生所能考慮的。兩條道路都走不得，怎麼辦呢？這時候才顯出來鄧先生的老辣智謀。他將計就計，硬是從兩不可為之間，推出一條順水船兒來：你不是懷疑我與胡適的關係高深莫測嗎？好！我就給你一個胡、鄧之間的莫測高深——胡適是黨魁，我是天字第一號的黨員！除此之外，再無其他了。至於那個「機關刊物」《獨立評論》，從頭到尾看上一遍，恐怕足要幾個月，到得頭來也是竹籃打水！再說，「軍宣隊」高隊長一聽

某期《獨立評論》的封面。鄧廣銘跟遲群開玩笑說，中國有個「獨立黨」，《獨立評論》是「獨立黨」的機關刊物。

鄧先生說要交代以及他接受鄧先生交代時的神情、反應，足已讓鄧先生摸到虛實。鄧先生知道「軍宣隊」手裡沒有牌，完全是詐。總之，鄧先生以同高隊長的這次談話，估得了先機，下文如何，那就足夠「專案組」去忙乎一陣子了——後來的事情，隨著時移勢易，果然滿天的烏雲，被一陣風吹了個乾乾淨淨。兩個月之後，一九六九年十月，鄧先生和我都隨同全校兩千教職工，到江西省南昌縣鯉魚洲幹校勞動。就是在鯉魚洲，轉過年來，一九七〇年八月，還召開了第六次「寬嚴大會」，又處理了「叛徒四人、特務九人，歷史反革命分子十一人，偽軍、政、警、憲骨幹分子四人，反動黨、團骨幹四人，現行反革命分子四人」等等，一共四十三人之多[50]。這次會前、會後，都再沒有人向鄧先生問起過「獨立黨」這樁事。

鄧先生愛好京劇，是一個高級戲迷，與馬連良、張君秋、楊秋玲都是朋友。鄧先生自己還有個不作壽的脾氣，直到八十高齡以後。一九九七年，他的九十壽辰臨近，我們連請帶央求要為他作壽，他才答應了，但說不必趕在壽日那天聚會，不如等到春暖花開，他願意同大家一起去植物園賞花！我們高興從命。到了植物園那天，晨風一吹，我覺得有幾分涼意，可鄧先生一件單衣，一不要休息，二不要人

50王學珍、王效挺、黃文一、郭建榮主編：《北京大學紀事》（1898-1997）（下冊），第六九四頁，北京大學出版社，一九九八年。

獨立評論

開發西北的時期到了！

浙江糧食消費的一個特殊習慣　張培剛

關於施劍翹女士的特赦　朱文長

編輯後記　編者

第二二六號

扶，談笑風生，興致很高。植物園裡有一家餐廳，廳大客稀。在壽席上，我自告奮勇，為鄧先生清唱了一段，我唱得不怎麼樣，卻博得他老人家哈哈一笑；他的女兒鄧可蘊也唱了一段，有滋有味，他也哈哈一笑。鄧先生的一百零六歲冥誕將至，先生！您泉下有知，我能再為您唱上一段兒嗎？我盼您再有哈哈一笑。

先生，讓我扮個正淨大面，您且聽了：

（白）：遲群呵，娃娃！你中了老夫的拖兵之計也。

（唱）：遲群小兒忒張狂，

把我鄧某當尋常！

任你寬嚴、嚴寬兩張網，

憑爾撈來由爾裝！

休道說生死權力手中掌，

管教你暈頭轉向、出乖露醜、一回一回撞南牆！

——鯉魚洲頭一樣闊，

秋水長天也風光！[51]

---

51 唐代文學家王勃在〈滕王閣序〉中有「落霞與孤鶩齊飛，秋水共長天一色」之句。滕王閣在南昌市，距鯉魚洲約六十里。

餘韻

一九六九年的「國慶」前夕，我隨同北大兩千多名教工來到鯉魚洲「五七幹校」，成為一名「五七戰士」。到彼時為止，我被革出社會之外，剛好三年有零。

鯉魚洲，在江西省南昌縣的鄱陽湖畔，又是一個好聽的名字，如果再聯想起初唐詩壇四傑之一的王勃在〈滕王閣序〉裡對此地的描繪，更會添出幾分浪漫情趣。

不過，真到此地一看，境況全非。原來這裡是一片蠻荒之地，土壤發紅，含鐵量高，一條洗臉的新毛巾，一個月就被井水染成黃褐色。驕陽之下，地面堅硬如石；一陣小雨，卻立即變得軟滑如油，一步不穩，就會滑出老遠，但很少會被摔傷碰傷。在「五七幹校」，一律改用部隊的建制，我們被分別編入連、排、班。哲學系、歷史系近二百人合編為第八連，男女各住一間大草棚。草棚裡面，上下兩層的大通鋪，足有四、五十米之長。有帶幼小子女來的，孩子就睡在大人旁邊；八連的男女幼童也有十多個。上至六十多歲，下至五歲、六歲，擁擁一棚，長少咸集。我們到來之前聽說，江西的老鼠比貓大，此聞果然不假。半夜裡，老鼠踏在我們的被子上面，橫行縱走，隔著厚厚的棉被，被踏的部位竟能感覺到牠的體重。進入冬季，男舍夜裡擺放一個大尿桶，高近一米，直徑也有一米。那是一個大汽油桶從中間一割為二、再焊死漏縫、漏眼做成的，雖屬湊合，可有了它，就免了冬夜穿衣、脫衣去跑廁所。一夜下來，近百人的尿，要積上大半桶，次晨由值日生抬出，用作菜地的肥料。一日三餐，白米乾飯管飽，除此之外，菜只有一樣：辣椒糊——把紅綠尖椒剁碎，再加一把鹹鹽即告做成。由於勞動量大，飯吃得多，辣椒糊又很能下飯，每餐都有一臉盆菜吃個精光。這樣的日子，每每連續三、四個月，偶爾才能見到一點葷腥。有一次開葷，不想嘴上才解了饞，下面卻出了狀況。我們菜班有五個人，清晨起床後第一件事就是去廁所掏糞。鯉魚洲天氣炎熱，掏出的糞，另積在一個大坑之內，幾天工夫就能發酵，生肥變成熟肥，可以隨時澆地。所謂廁所，地面上圍個蓆棚就是；裡面刨個個長方形的坑，就是便池。那天我們挑擔來掏，只見便池裡全是稀湯，沒有乾貨。原來人們素食多日，一次大葷，腸胃反而不能吸收。醫生說，這是「脂肪性腸胃炎」。這樣的腸胃炎，那兩年我們是每葷必犯。一句話，沒來之前的那點浪漫想像，到來不久即告消散；再到後來，我們得知此地還有血吸蟲肆虐，那就是更添一種滋味在心頭了。

話要回到開頭。我到鯉魚洲後的第三、四天，接到一個委派：當二排二班的工具保管員。每天出工之前，我的職責是，把當天要用的工具，從工具房提前拿出，擺放在隊列之側；大家朗讀「語錄」之後，每人俯身拿起一件，隨即出發。收工之後，大家就地拔一把草，把工具擦拭乾淨，我再查看一遍，補擦一遍，放回工具房。鯉魚洲氣候潮濕，鐵製工具很容易生銹。「工具保管員」，在八連戰士花名冊裡是一個列不上去的職務，可對我來說，三年「牛棚」生活之後，忽然得到這樣一個任命，心裡卻生出一種說不清的感覺：是平等？是新鮮？莫非我真的成為群眾中的一員了？不久，我改調到菜班。菜班與炊事班同在司務長的領導之下，這時候我一個人也可以單獨出入伙房重地了——在太平莊，這可是絕對不能想像的。

還有一件事，於我更有一番觸動。鯉魚洲這塊地方的由來，我至今沒弄清楚，它好像是圍湖填土生造出來的一片地。圍湖的堤壩，每逢冬閒季節，政府都要調派上千農民社員，自帶口糧和工具，挑土上堤，加高加固。當地農民把這叫做「挑堤」。年復一年，水漲堤高，我們去的那年，大堤已經加到二十米有餘了。夏秋之際，湖水豐沛，鄱陽湖的水面距堤面，僅有三、四米之差。比我們早來的先遣隊員說，他們剛到的時候，坐在堤上，可以洗腳，很是愜意，那就是說，當時水面與堤面的差距不足一米。可站在堤上向另側一望——確切地說，是向另側俯瞰，只見那能容百人的大草棚，一個一個，星羅棋佈，分列在一條小河的兩邊，不過塊塊豆腐乾而已。反過來，若是站在草棚跟前仰望，堤壩猶如一堵大牆，既高且遠，望不到邊。原來四百平方公里的鄱陽湖，就高高懸掛在鯉魚洲的頭上，哪一天真有險情發生，噫歟！那就是人或為魚鱉矣！一九七〇年夏天，汛期到來，湖水猛漲，幹校制定了應急方案。詳情如何不得而知，跟我有關的是，八連指導員、軍代表老鄖在全連隊列之前宣佈我為應急聯絡員，專司總部和連部、連部和各排間的通訊聯絡之責。每連配有一個裝有四節一號電池的大手電筒，停電之時，少數幾個人可以使用，我是其中之一。不過，汛期安然度過，手電筒我也沒有摸到。可這件事在我心上劃下一道痕：險情之中，我同大家命運相連，彼此平等、並無兩樣的感覺已經油然而生，而且感覺實實在在。可事過境遷，心不由主，這種感覺又復歸於淡漠——「牛棚」的陰影依然壓在我的心頭，揮之難去。在三院的近二十名「牛鬼蛇神」，三個、五個，全都放了，單單扣下鄧廣銘先生和我；只剩兩個人，不值得再「設棚圈養」了，照樣命我們單間另住！而那個時候，其他「牛鬼蛇神」早被允許回家了。三個月後，我雖然隨同大隊人馬一起來到了鯉魚洲，終歸沒得一個說法，我的「問題」依舊不明不白。三院的「出棚儀式」上，稱「感謝」、呼「萬歲」，那個場面尷尬、滑稽，我當時沒落得喊上，心中還曾一時竊喜；不想，如今反倒成了一塊心病：我到底算是出了「牛棚」，還是沒出呢？

平日我只是悶頭幹活，絕少開口說話。除非跟勞動相關、幹起活來需要彼此配合的事，才說一兩句；我提不起說話的興致。實在憋悶的時候，我寧願同七、八歲，十一、二的孩子們作天真的對答，那是一種可以不設防的交流，從中可以感受到真誠、單純的童趣。至於別人如何看待我，從對方的眼神裡，我自以為看得清楚分明，而且判斷無誤。友善、同情的居多，而以另類相視的，當然也有幾位。按當時的政治氣氛，我深知，惟其對我友善、同情者，我正不可去親近人家，免得惹出想不到的麻煩，兩兩不利；對我以另類相視的，幸好我在菜班，遠離大隊人馬，吃飯、打水等避免不了的場合，盡量躲開他走，少看那張臭臉也就是了。我把這個分寸拿捏得不錯，政治和是非都離我很遠。豈料，這個局面有一天被打破了。

那天，在全排大會上，我忽然成為話題。一位同事在會上說：「到鯉魚洲大半年了，我看郝斌你的情緒一直很消沉。你應當換一個精神狀態，振作起來，不能一蹶不振。」

說這個話的是我的大學同班周兄，一位歸國華僑。真是好言一句三冬暖！三年之間，對我的這類溫馨關切，乃是屈指可數。我打從心裡領會他的情義，從心底感激他。可沒想到他接下來多說了一句話：「人不怕有錯；一旦被蛇咬，三年怕井繩，完全消沉下去，那才是可怕的。」聽到這個地方，我敏感的神經一抖，當即覺得他失言了。對周兄的這番關切，我默無回應，只怕在這個話題上越描越重。還好，直到散會，沒人接他的話茬，我鬆了一口氣。哪想三天之後，還是同樣的場合，我大學同班的另一位楊兄發言。他嗓音洪亮，調門也一向偏高。他說：「郝斌的問題，誰都知道是江青同志親自點名點出來的，周南京說他『一旦被蛇咬』……」，下文如何如何，略知那個年代社會情況的人，完全可想而知。此言一出，不贊同的，只能沉默；有人附合兩句，也是免不了的事。但時在一九七〇年，江青正在當紅之際。我那可憐的周兄！他平時一介坦直敢言之士，如今竟被楊兄一記悶棍，打得不能還手。不消多說，會後，自有層層上報。

接下來，我們又回歸到日常的勞動生活，依舊是戰天鬥地。話說到了這個時候，來到鯉魚洲將近一年了。按照規定，一年一度，每人可有探親假三十天。我的二女兒即將出生，我請假回京探親，連部居然多批給我五天，可以在第三十六日歸隊報到。我以不明不白之身，受到優於別人的待遇，心裡產生一種莫名的感覺。按常理，我該有個表示，但走近連部的時候，我的腳步卻有點挪不動了：我還是不願去做任何表示。

到我歸隊那天，正值午後，大家都在地裡幹活，驕陽如火，八連駐地不見一個人影。我老遠看見草棚前多了一條惹眼的紅布橫幅，用竹竿扯開，上面幾個大字：「批判歪風邪氣大會」。經過大伙房的時候，看見炊事員徐立信站在添煤的灶坑裡，只露出上半身。他招招手，讓我過去。

徐立信，山東人，沒念過幾年書，但憑一手拓印功夫，在考古教研室不聲不響地幹活，把石器、銅器上的花紋、文字拓得分明、精美。他拓出來的東西，讓人看了常有勝似原物之感。我們原本呼他「徐公」，但「文革」一來，稱謂要革命化，所以改喚他「老徐」了。他年過花甲，長我近三十歲，在鯉魚洲，大家都這樣喊，我也這樣喊。老徐指著橫幅說：「看見沒有！前天開的。批的周南京，跟你有關係！」我還想聽他多說兩句，他卻說：「你知道就行了，走吧！」不用說了，周南京挨批，緣起於我。我歸隊之後，依舊悶頭幹活。

好久以後，我慢慢回味過來：楊兄在會上有那樣高調的發言，當領導的能像我一樣不作回應嗎？「批判歪風邪氣」這個題目本身，在泛政治化的年代，就很不「講政治」。那個時候，誰見過這樣的批判會呢？對周兄的發言，領導當然不能沒有表示。所以，批判會雖然開了，基調卻暗暗改換過了。民粹風行的時候，清醒的領導難免要敷衍群眾。這是一種擔當，也是一種藝術。這件事過去幾十年了，說起來，如果我的猜測、判斷不錯，我真要感謝八連的領導者。

我的「問題」得到一個說法，更在三年之後。從鯉魚洲回到學校，一九七三年，允許我「恢復組織生活」，同時給我一個「留黨察看兩年」的處分——這是除了「叛徒、特務、反革命分子、死不改悔的走資派」之類要「開除黨籍」者之外，留在黨內可以給與的最高處分。

正是；

青山只合磨今古，
流水何曾洗是非！

（許育愷攝影）

附錄

一張沒有貼出的大字報

說明

這份大字報的草稿原件上，沒有標明日期，據我記憶，應當是寫於一九六七年的七、八月間。起草者高望之，北大歷史系教師。他是「文革」期間歷史系「牛鬼蛇神」隊伍中的一員。「鬆綁」期間，他起草了這份大字報稿，拿來要我和一群「牛鬼蛇神」傳閱，打算經認可簽名後以大字報形式貼出，且打算仿效當時的通行做法，落款不寫姓名，而共用一個「戰鬥隊」的名字——「衝霄漢」。這個名字，也是高望之起的，取自毛澤東一九三一年寫的〈漁家傲・反第一次大「圍剿」〉。詞中有「天兵怒氣衝霄漢」之句，用做「戰鬥隊」的名字，藉以表達我們眾「牛鬼蛇神」對聶元梓的怨怒之氣。當時由於種種因素，這份草稿只傳到我的手裡，沒有簽名，更沒有貼出。草稿現今由我保存。起草者高望之先生已經往生有年。茲將原文照錄如下，以為一點特別的紀念。

對大字報草稿中的第六點「右派分子幸災樂禍，趁機反攻」一段文字，我必須做一點鄭重的說明。這裡寫到「戴帽右派夏應元、孫機」兩位，如今一看，就知道作者對他們說了很不公正、很錯誤的話。這固然是起草者高望之先生當時的認識，也完全代表了我和我們「新揪出來的『牛鬼蛇神』」的共同看法。當時我們的心情確乎如此。我們認為夏、孫兩位已是鐵板釘釘的「敵我矛盾」分子，我們與他們同室為囚，很是不堪。這是一段富有歷史時代色彩的文字，為保留它的真實和完整，照錄不誤，尚請讀者詳察。

括弧裡多數是我補加的說明文字，個別是原文遺漏的字，便於讀者閱覽。

看聶孫之流是怎樣殘酷打擊歷史系一大片幹部和教員的！

——記歷史系「勞改隊」在太平莊的前前後後

井岡山06教工《衝霄漢》

最高指示

「在我們的面前有兩類社會矛盾，這就是敵我之間的矛盾和人民內部的矛盾。這是性質完全不同的兩類矛盾。」

「如果把同志當做敵人來對待，就是使自己站在敵人的立場上去了。」

去年九、十月間，正當全國各地的革命造反派轟轟烈烈地大造劉（少奇）鄧（小平）資產階級反動路線的反，北京的很多高等院校（如師大、清華等）已解散了資產階級反動路線的產物——幹部「勞改隊」的時候，在新北大，以聶元梓同志為首的校文革卻貫徹執行陶（鑄）、王（任重）黑指示，變本加厲地繼續執行在幹部問題上「打擊一大片，保護一小撮」的資產階級反動路線，歷史系「勞改隊」在太平莊被隔離監督勞改，就是聶〔元梓〕孫〔蓬一〕之流頑固地執行這一條資產階級反動路線的活生生的、令人觸目驚心的例證。

一、「勞改隊」押往太平莊

太平莊是南口公社的一個村莊。彭真反革命集團在六五年為了破壞文化大革命，藉口搞「半工半讀」試點，曾把歷史系師生騙往太平莊，進行嚴密的控制。六六年六月一日，毛主席親手點燃了文化大革命的熊熊烈火，歷史系師生衝破牢籠，殺回燕園，積極地投入了文化大革命的戰鬥。歷史系師生提到太平莊，也就聯想起彭真和陸平、彭珮雲黑幫的滔天罪行，無不義憤填膺。萬萬料想不到，在四個月之後，就是這個太平莊，卻又成了歷史系一大片幹部和教師遭受資產階級反動路線迫害、被強制進行隔離勞改的一個場所。

歷史系共有教職工一百零六人，去年九月，在聶元梓資產階級反動路線的指引下，被剝奪校文革選舉權者竟達三十三人，黨政幹部被剝奪選舉權的約佔幹部總人數的百分之八十。凡是被剝奪選舉權的，均被當作敵我矛盾處理，其中有十多個人被勒令每天勞動改造，不准看大字報、參加任何會議。九月二十四日，歷史系文革籌委辦公室發出通令，說為了保證國慶日的安全，所有被剝奪選舉權者在節日期間禁止離家外出，只許在家裡讀〈南京政府向何處去〉等兩篇〔毛〕主席著作，並需上交學習心得，但是以聶元梓為首的校文革覺得這樣還不夠，在九月二十六日（應為二十七日）由系文革辦公室把歷史系被剝奪選舉（權）者以及兩個未被剝奪選舉權的同志緊急集合，由魏杞文等人進行訓話，命令這些人必須在三小時後前往太平莊隔離勞改，在勞改中必須「老老實實」，相互監督揭發，並規定不准帶安眠藥等藥物。於是，一大串「勞改」隊伍，經過了匆匆忙忙的打鋪蓋、取糧票的準備，由系文革辦公室的一個負責人押往太平莊，在押送途中，還禁止相互談話。

二、關進「牛鬼蛇神」黑窩

「勞改隊」到達太平莊，被勒令集中住進一個房間，屋門口貼上「橫掃一切牛鬼蛇神」和「坦白從寬，抗拒從嚴」的對聯，橫幅寫的是「何去何從」。原在太平莊勞動的兩個右派分子，本來不住在這裡，此時也搬進這個房間，一視同仁了。

「勞改隊」被關進這個「牛鬼蛇神」黑窩後，就喪失了人民的一切權利，成為地地道道的勞改犯了。監督小組負責人宣佈了如下命令：

1. 平時不許交談，只在星期六才許交談一次勞改心得；
2. 在勞改中必須相互監視和揭發；
3. 不准隨便離開住所，到鄰近的村莊合作社買東西也必須請假並有兩人同行；
4. 每一二天必須上交思想彙報。

在實際執行中，還不止這些。有人因體弱，一天勞動完畢後靠在床頭休息，立刻受到訓斥，並宣佈今後不准靠著床頭休息，只許直著腰坐著。每週一次去二百號洗澡時，又規定必須排成一行，列隊往回。吃飯時不准跨進廚房，要一隻碗也只能請炊事員遞出來。另外監督小組每夜還拿著手電筒來逐一查鋪。

三、強度的勞動、嚴格的隔離

每天上下午進行強度的勞動，如抬石塊，挖土遠扔，遠途背大捆棒子秸等等。監督小組站在山梁上，居高臨下地進行監視，有的同志體弱多病，挖土過程中頭暈欲倒，也不敢怠慢，稍稍休息幾分鐘又繼續幹。

食堂養了幾隻雞，但是餵雞的勞動一般人是不能被信任去做的，由監督小組選定他們認為問題較輕的人去做。果樹剪枝同樣被認為是一種「要害性」的勞動，去剪的人要經過慎重選擇。

過了國慶日，歷史系部分師生也來太平莊參加秋收勞動，「勞改隊」與他們之間完全隔離。有一個來參加秋收勞動的青年幹部，是原團總支副書記，沒有被剝奪選舉權，可是他一到太平莊，即被「勞改隊」的監督人任意地勒令參加「勞改隊」，住進「牛鬼蛇神」黑窩。從此他與一起來的同志完全隔離了。當時來參加秋收勞動的一些教師對此很有意見，但在資產階級反動路線的壓力下，不敢言語。

「勞改隊」中一個男同志，長期患失眠，來太平莊時因不准帶藥物，夜間不能入睡，不得已經過申請，才被准許由他愛人來參加秋收勞動時帶來一些安眠藥，他從愛人手中拿了安眠藥，其他就不敢多談了。

被打進「勞改隊」的同志，對反動路線這樣的迫害不是沒有抵制的。有的同志就曾寫信給系文革，認為這樣大的勞改隊伍是擴大了打擊面，在太平莊又與文化革命和革命師生完全隔離了，是不對的。但是這種合理的呼聲都遭到駁斥。

四、每天一次「大訓」，三次「小訓」

每天上下午開始勞動前與勞動完畢後，「勞改隊」必須整隊，低頭聽取監督小組的訓話。每天一般是「大訓」一次，「小訓」三次，有時還來一次「總訓」。「總訓」和「大訓」長達半小時至一小時，「小訓」也是一刻鐘左右。訓話時經常叫二、三人站出來低頭交代自己在勞改中的「不老實」表現並進行嚴厲訓斥。監督小組負責人×××（此人是現在聶孫最嫡系的部隊「炮兵營」的創始人）是主要訓話人，最為聲色俱厲。他自稱在太平莊有絕對權力，是「最高負責人」。有一次他對被訓斥者說：「我抽你幾鞭子，看你還能不能活」，「你死了也只不過臭一塊地皮」。「勞改隊」中的同志主動在小黑板上寫（毛）主席語錄帶到勞動地點，以便在休息時學習最高指示。有一次因疏忽未帶回這塊語錄板，就被訓斥為「反對毛澤東思想」，是「一次嚴重的政治事件」。有關同志在「訓話」時曾為此事作了三次交代和檢查，後來又寫了書面交代。另一個同志在從學校回太平莊時，因較規定時間遲了幾分鐘，也被點名站出來受訓斥，作交代。

這樣，「勞改隊」每天四次聽「訓」時，個個提心吊膽，因為隨時有可能因為什麼自己也想不到的「過失」，被點名站出來受訓斥作交代。

五、在學（毛）主席著作中的無理限制

「勞改隊」在太平莊被勒令只許學（毛）主席著作中的〈南京政府向何處去〉和〈敦促杜聿明等投降書〉兩篇，其他不許學，寫學習心得時也只許寫學了那兩篇文章後，自己如何認識只有徹底「投降」才是唯一出路等等。這樣做無非是要強制「勞改隊」的成員承認自己是與蔣匪幫一樣的反動派。在「勞改隊」中有的同志抵制這種做法，認為自己不是蔣匪幫反動派，卻被訓斥為所謂「服罪感不足」，必須要學到認識自己就是和蔣匪幫反動派一樣才罷休。

有的同志提出是否也可以學學「老三篇」（指毛澤東的〈為人民服務〉、〈紀念白求恩〉、〈愚公移山〉，這是「文革」期間林彪倡導解放軍戰士學習的三篇文章），得到的回答是「你們根本沒有資格學『老三篇』」。有的同志在小組會上讀了（毛）主席語錄中「正確處理人民內部矛盾」和「接班人五項條件」中的段落，

也被認為大逆不道而遭訓斥。監督小組領著讀〔毛〕主席語錄時，最常讀的就是「人民靠我們去組織，中國的反動分子靠我們組織起人民去把它打倒」那一句，意思就是要「勞改隊」成員認識自己都是該被打倒的「反動分子」。

這種做法是借用〔毛〕主席著作來使聶〔元梓〕孫〔蓬一〕資產階級反動路線取得合法地位，是對戰無不勝的偉大的毛澤東思想極不嚴肅的歪曲。

〔一九六六年〕十月份，北大的革命造反派開始起來批判校文革執行的資產階級反動路線，「勞改隊」的同志有所風聞，認為自己確實不是人民的敵人，感到最好能回校，一面勞動，一面在批判反動路線中受到教育，提高自己的政治覺悟，但當他大膽地提出這種要求時，卻受到嚴詞駁斥。

「勞改隊」被囚牢在太平莊，消息十分閉塞，有的同志從家信中收到一些有關批判劉〔少奇〕鄧〔小平〕資產階級反動路線的傳單，卻不敢拿出來公開傳閱，只在三、四個人中間秘密傳閱。

今年一、二月間有三個青年幹部繼續被扣在太平莊勞改時，由於想及時聽到《紅旗》社論，弄了一隻耳機子，為了使三個人能同時聽到，就把耳機放在一隻空茶葉罐裡來擴音，偷偷地聽。他們就是這樣來學習《紅旗》二、三期社論的。

六、右派分子幸災樂禍，趁機反攻

被編入「勞改隊」的兩名戴帽右派分子對於如此龐大的「牛鬼蛇神勞改隊」，感到自己不再孤立了，於是幸災樂禍，興高采烈。右派分子夏應元眉開眼笑地說：「這些過去整我們的人，現在也和我們一樣了。」他們的反動氣焰大大囂張起來。右派分子孫機聽到監督小組規定要相互揭發，要向監督小組告密，就趁機反攻倒算，抓住「勞改隊」中同志的小辮子去告密，監督小組負責人加以公開表揚，在訓話時說：「孫機向我反映情況，還是好的。」有一次孫機看見「勞改隊」一同志不慎把蘋果樹根挖斷一些，就偷偷藏起那些根子，等勞動完畢聽「訓」時，拿出根子作為「罪證」來大整那個同志，監督小組負責人竟跟著嚴厲訓斥了那個同志，混淆敵我矛盾竟到如此地步！孫機得到了鼓勵，更加囂張，在一次小組會上揚言「五七年自己還是學生，是受到你們的毒害而成為右派的」。「勞改隊」的同志們對他這種狂妄的反攻倒算忍無可忍，對這個右派分子進行了駁斥，但是這種正義的革命行動並沒有得到監督小組的支持。

七、「勞改隊」調回學校及其以後

「勞改隊」中的大部分在十月半和十月底（應為十二月半和十二月底）分兩批調回學校，有五個青年幹部則繼續扣在太平莊勞改了一個月，其中三個同志在今年一月半又被命令又勞改了一個月。他們曾向系文革寫信表示自己並不是三反分子，強調應讓自己參加運動，不應與革命師生隔離開來，仍然遭到拒絕和駁斥。「勞改隊」的同志回校以後，長期〔以〕來仍不允許參加運動，仍必須在校內參加勞改。《紅旗》四期社論發表後，「勞改隊」中許多幹部本著自我求解放的精神，貼出了「亮相」大字報，但仍得不到聶〔元梓〕孫〔蓬一〕之流的承認和支持。今年六月，北京公社等革命造反派組織奮起批判聶〔元梓〕孫〔蓬一〕資產階級反動路線之後，「勞改隊」中的不少同志積極參加了革命造反活動，卻受到了進一步的迫害和污蔑，「勞改隊」中的小組長周一良同志，在太平莊時曾被監督小組負責人、「炮兵營」的創始人×××認為是勞改態度較好的，此時卻被「炮兵營」打成「還鄉團」和「資產階級反革命復辟的急先鋒」。「炮兵營」小報上對歷史系「勞改隊」中參加革命造反活動的一些同志重新扣上「反革命」、「右派」的帽子，但是在今天的新北大，在戰無不勝的毛澤東思想光輝照耀下，聶〔元梓〕孫〔蓬一〕之流從心所欲、為所欲為地推行資產階級反動路線的日子已經一去不復返了，他們在校內殘酷地打擊一大片幹部和教員，殘酷地打擊一大片革命小將的胡作非為受到了全校廣大革命造反派同志的日益深刻的揭發和批判，終於宣告了徹底的破產。